Hermann Henkel

95 Thesen zur Zuwanderung

Hermann Henkel

95 Thesen
zur
Zuwanderung

Argumentation

und

alternative Fakten

Erste Auflage November 2017

Copyright © Hermann Henkel, 2017

Umschlagbild: Lukas Cranach d. Ä. (1472–1553), Bildnis Martin Luthers von 1528, Stiftung Luthergedenkstätten in Sachsen-Anhalt, Wittenberg

Gestaltung des begleitenden Internetauftritts: Webdesign Walldorf

Herstellung und Verlag: BoD - Books on Demand, Norderstedt

Printed in Germany

ISBN 978-3-746-03728-8

Inhalt

Kapitel G Gesellschaftlicher Diskurs

Kapitel H Volksentscheide

Anhang

Danksagung

Stichwortverzeichnis

Personenregister

Literaturverzeichnis

Quellenverzeichnis

Vorwort

Vor 500 Jahren lag Veränderung in der Luft: Die Neue Welt war entdeckt und eröffnete den westeuropäischen Mächten den Sprung zur weltweiten Dominanz. Der Buchdruck gab der Verbreitung von Information, Wissen und Agitation eine nie dagewesene Dimension und Schlagkraft. Schon vorher hatten es wenige mutige Einzelpersonen gewagt, sich mit weltlichen und kirchlichen Obrigkeiten kritisch auseinander zu setzen, die aber ihren Mut oft mit dem Verlust der Freiheit oder gar des eigenen Lebens bezahlen mussten. Spätestens mit diesen Entdeckungen wurde jedoch nicht nur die Befreiung von religiöser Engstirnigkeit, sondern auch nichts weniger als die Befreiung des menschlichen Geistes eingeläutet.

Maßgeblichen Anteil an diesem Prozess hatte Martin Luther mit der Veröffentlichung seiner 95 Thesen. Auch wenn diese Thesen in ihrem Kern mit dem Ablasshandel, also dem Erlösen von Sünden gegen Geldzahlung, nur einen vergleichsweise kleinen Aspekt des damaligen Lebens zum Inhalt hatten, so prangerten sie doch einen Missstand an, der alle Menschen betraf und alle tief bewegte. Folglich war Luthers Kritik in ihrer Zeit fast zwingend notwendig, weil sie über diesen vordergründig begrenzten Bereich hinaus die verkündeten Wahrheiten der Katholischen Kirche frontal attackierte und damit ein sichtbares Zeichen gegen die alles beeinflussende Dogmatik der herrschenden Institution Kirche setzte.

Heute stehen wir wieder vor einem Umbruch: Die Dominanz des Westens neigt sich ihrem Ende entgegen. Das im Westen entworfene Wirtschaftsmodell, das breiten Bevölkerungsschichten aus der Armut verholfen und einen vorher nie dagewesenem Wohlstand beschert hat, führt weltweit zu Verwerfungen und zu großen Veränderungen. Lange als sicher geglaubte Wahrheiten wie Demokratie und Menschenrechte werden durch die Auswirkungen der Migration von Millionen von Menschen hinterfragt.

Die europäischen Gesellschaften stehen – wie vor 500 Jahren – vor einer erneuten Spaltung und inneren Zerreißprobe, deren Ausgang und Folgen ebenso wenig absehbar sind wie damals. Um die Autorität der selbsternannten Meinungsführer (= Obrigkeit in der medialen Gesellschaft) in gleicher Weise in Frage zu stellen, wie das Luther zu seiner Zeit getan hat, ist es nach 500 Jahren daher erneut notwendig, Thesen an die Tür der Schlosskirche zu Wittenberg zu schlagen...

... heute zum alle und alles bewegenden Thema der Migration!

Noch eine Anmerkung vorweg:

Bei der vorliegenden Betrachtung wird nicht immer streng zwischen Menschen, die vor Verfolgung, Gewalt und Krieg flüchten, und denen, die als sogenannte Armutsflüchtlinge den miserablen Verhältnissen in ihren Herkunftsländern entfliehen wollen, unterschieden. Bisweilen kann das zu einer etwas unpräzisen Definition der jeweiligen Ansprechgruppe führen. Dies ist in der Regel aber der angestrebten Kürze und Prägnanz geschuldet und führt nicht zur Ungültigkeit der jeweiligen Kernaussage. Wer diese „Vereinfachung" dennoch als Ansatzpunkt für seine Kritik an den dargestellten Überlegungen nutzen will, weil er keine gewichtigere findet, dem sei es gegönnt.

Kapitel A Kriminalität

These 1: Migranten sind nicht krimineller als Einheimische

Statistisch geraten Migranten häufiger mit dem Gesetz in Konflikt als Einheimische. Von den 2016 insgesamt rund zwei Millionen Tatverdächtigen bei Straftaten ohne ausländerrechtliche Verstöße wurden etwas über 600.000 Nichtdeutsche ermittelt, also ca. 30%.[1] Ihr Anteil an der Gesamtbevölkerung lag aber deutlich darunter, nämlich nur bei ca. 10,5%[2].

Der Besorgnis vieler Bürger, durch Zuwanderung importierten wir auch zusätzliche Kriminalität, wird dennoch auch mit der Statistik begegnet: Freilich zeigten die absoluten Zahlen eine deutlich höhere Kriminalität bei den Migranten, allerdings liege das an verschiedenen Faktoren. So seien grundsätzlich junge Männer statistisch häufiger kriminell als alle anderen Bevölkerungsgruppen. Ferner würden Menschen in prekären Situationen ebenfalls häufiger straffällig. Auch hieraus ergebe sich eine höhere Straffälligkeitsquote, weil Migranten nun mal oft aus den betreffenden sozialen Schichten stammten. Wenn man dagegen derartige Besonderheiten wie Geschlecht oder soziales Umfeld und Situation des Einzelnen berücksichtige und die entsprechenden statistischen Korrekturfaktoren mit einrechne, dann seien Migranten nicht krimineller als die einheimische Bevölkerung.[3]

Das wird wohl stimmen. Dennoch bedeutet es keine Entwarnung, denn es ist *»entscheidend, was hinten raus kommt«*, wie der jüngst verstorbene Altkanzler Helmut Kohl gerne zu sagen pflegte. Nun ist es nämlich gerade so, dass wir genau die potenziell kriminellste Gesellschaftsgruppe in überproportional hoher Zahl unter den Migranten finden: junge Männer, die häufig beschäftigungslos sind und die wir trotz aller Schönrederei und Demonstration von Vorzeige-Syrern in Talkshows nicht so bald in Arbeit bringen können.

Schließlich muss man sich die zum Besten gegebene Argumentationsweise noch einmal genauer vor Augen führen: Der Besorgnis und den Ängsten der Bürger vor steigender Kriminalität durch Zuzug von fremden Menschen – die aufgrund der objektiven Zahlen belegt und mehr als berechtigt ist – wird dadurch begegnet, dass erläutert wird, wenn denn alle Migranten dem Durchschnitt der einheimischen Bevölkerung in Bezug auf Geschlecht und soziale Stellung entsprächen, dann wären sie im Durchschnitt nicht krimineller als die Einheimischen. Folglich seien die Ängste unbegründet. Erst recht, wenn dann auch noch Vergleiche zu anderen Lebensrisiken gezogen werden:

> *»Es ist tatsächlich wahrscheinlicher an einer Pilzvergiftung oder durch einen Hitzschlag zu sterben, als bei einem Terroranschlag in Deutschland oder Europa ums Leben zu kommen.«*[4]

Kaum vorstellbar, dass die Angehörigen der Terroranschläge (nicht nur in Deutschland) diese Aussagen als besonders tröstlich empfinden. Der Gipfel der Verharmlosung wird allerdings erreicht, wenn bei der Kommentierung der steigenden Kriminalitätszahlen durch die jüngste Zuwanderungswelle, die nun einmal nicht geleugnet werden können, im Nebensatz darauf hingewiesen wird, dass ein Großteil der Straftaten gar keine Einheimischen, sondern die Zuwanderer selbst betreffen, indem beispielsweise kommentiert wird:

> *»Übrigens: 45 Prozent der tatverdächtigen Zuwanderer übten ihre Gewalttat gegen andere Zuwanderer aus«.*[5]

Da fehlt bloß noch der kleine Zusatz „nur", um den Zynismus perfekt zu machen.

Zudem bleiben dann erstens immer noch 55 Prozent einheimische Opfer, die es ohne die Zuwanderer nicht gäbe und zweitens ist das Sicherheitsgefühl der Menschen in hohem Maße von Empfindungen abhängig. Macht es da einen Unterschied, ob die im Park von Zuwanderern vergewaltigte Frau selbst eine Migrantin ist? Und: Heißt das die *»Ängste der Menschen ernst* *nehmen«*? Eine derartige Argumentation erscheint doch ziemlich unverfroren!

These 2: Gewaltkriminalität nimmt durch Migranten nicht zu

Ein weiterer Aspekt wird durch diese Relativierung und Verharmlosung der harten Zahlen ebenfalls übersehen: Sicher sind einheimische Zu-Kurz-Gekommene auch frustriert und werden offenbar vermehrt kriminell. Das Maß der Kriminalität erreicht aber bei weitem nicht jenes der in großen Familienclans organisierten Migranten oder der religiös aufgeladenen Islamisten.

So können auch Randale und Unruhen entstehen, wenn die bio-einheimischen Unzufriedenen ihre Unzufriedenheit ausdrücken und in Aktionen umsetzen. Sie entwickeln aber nicht solche Gewalttätigkeiten, wie sie beispielsweise von muslimischen Unzufriedenen ausgehen können, die in ihrer extremen Ausprägung und im Hass auf alles Westliche vor wahllosem Massenmord und Selbstmordattentaten – sogar gezielt gegen Kinder und Jugendliche[A] – nicht zurückschrecken. Selbstverständlich, bei weitem nicht alle unzufriedenen Muslime haben solche Fantasien oder setzen sie gar in die Tat um, aber die prinzipielle Verachtung für die westliche Gesellschaftsordnung und das Gewaltpotenzial sind in dieser Bevölkerungsgruppe unzweifelhaft größer als bei Bio-Einheimischen.

Und nicht zuletzt: Ohne die Migranten gäbe es bei uns auch deren Kriminalität nicht! So ist jeder Wohnungsdiebstahl, jedes einzelne Gewaltverbrechen und jeder Terroranschlag, welcher von Zuwanderern oder deren Nachkommen geplant oder begangen wird, eine zusätzliche, reale Bedrohung für die einheimische Bevölkerung. Unzweifelhaft müssen dagegen weder in Polen, Tschechien, Ungarn noch den baltischen Staaten „Sonderkom-

---

[A] Wie beim Terroranschlag auf ein Popkonzert in Manchester am 22.05.2017.

missionen OK"[B] mühsam versuchen, die organisierte Kriminalität von arabischen Familienclans zu infiltrieren und es müssen keine Fußballspiele oder Karnevalsveranstaltungen abgesagt werden, weil Terroranschläge muslimischer Extremisten (oft aus den eigenen Migrantengruppen!) befürchtet werden müssen.

These 3: Polizei und Justiz dürfen nicht abgebaut, sondern müssen verstärkt werden

In der Vergangenheit sind bei der Polizei bundesweit tausende Planstellen weggefallen. Die genaue Zahl ist strittig,[6] aber auch nicht so relevant. Entscheidend ist, dass die Belastung für die Polizeibeamten, die raus „ins Feld" gehen, zunehmend angestiegen ist. Auch die Richter an deutschen Gerichten klagen seit langem über Überlastung durch die Fülle an Prozessvorgängen. Also trifft diese These sicher zu und besonders seit den Ereignissen in der Silvesternacht 2015 gehören Forderungen nach Verstärkung von Polizei und Justiz zum guten Ton in allen öffentlichen Diskussionen zum Thema Kriminalität.

Bei genauerer Betrachtung fällt die Größenordnung der erforderlichen Personalaufstockung ins Auge. Es ist von 10.000 bis 15.000 zusätzlichen Stellen bei der Polizei die Rede.[7] Allerdings um allein die über 10.000 Salafisten in Deutschland, aus deren Milieu sich *»fast alle in Deutschland bisher identifizierten terroristischen Netzwerkstrukturen und Einzelpersonen [...] entwickelt«*[8] haben, rund um die Uhr überwachen zu können, wären diese Beamten schon nicht ausreichend. Überwachung bedeutet dabei noch nicht, in deren Strukturen wirklich einzudringen und erst recht nicht, sie wieder auf den rechten Pfad der Gesellschaft zurückzuführen.

Daneben gibt es arabische und albanische Familienclans, aber auch Diebesbanden aus Ost- und Mittelosteuropa, welche in vielen westdeutschen Städten das organisierte Verbrechen fest im Griff haben.[9] Und seit der türkische Sultan Recep Tayyip Er-

---

[B] OK = organisierte Kriminalität

doğan immer diktatorischere Allüren an den Tag legt, sind uns seine Vasallen in der DITIB[10] auch nicht mehr ganz geheuer und bedürfen einer genaueren Betrachtung.

Auch hierfür sind die ohnehin schon überlasteten Sicherheitsorgane zuständig. Und offenbar sind die zusätzlich erforderlichen Stellen bei Polizei und Justiz nicht unwesentlich auf die von Migranten begangene, zusätzliche Kriminalität zurückzuführen.

These 4:   Es gibt keine No-Go-Areas

Immer wieder ist von No-Go-Areas in deutschen Städten die Rede. Als besondere Brennpunkte gelten dabei Städte mit hohem Migrantenanteil.[11] Multikultibefürworter reden die Probleme zwar gern klein,[12] aber:

> *»Ungeschminkt beschreibt die zivile Eingreiftruppe [der Polizei] die Lage im Duisburger Stadtteil Laar, wo offenkundig zwei libanesische Großfamilien das Sagen haben. „Die Straße wird faktisch als eigenes Hoheitsgebiet angesehen. Außenstehende werden zusammengeschlagen, ausgeraubt und drangsaliert. Straftaten gehören zur Freizeitbeschäftigung." Auch in Duisburg-Marxloh agieren laut Lagebericht zwei Clans, offenbar mit Kontakten zu der gewalttätigen Rockerszene der „Hells Angels". Die Erfahrung zeige, dass insbesondere die libanesischen Großfamilien „durch einen Telefonanruf, kurzfristig mehrere hundert Personen mobilisieren" könnten.«*[13]

Man muss solche Stadtteile nicht als No-Go-Area bezeichnen, aber unbescholtenen Bürgern (ob mit oder ohne Migrationshintergrund) wird dort zunehmend mulmig, ebenso wie Polizisten:

> *»Und wenn auf einmal 50 Familienmitglieder um einen Polizeiwagen herumstehen, fühlen sich auch die Beamten nicht mehr wohl.«*[14]

Kriminelle Mitglieder arabischer Großfamilien treten dabei besonders hervor. Diese sind oft in den 1990er Jahren als Flüchtlinge zum Beispiel aus dem Libanon nach Deutschland gekommen.[15] 2015 und 2016 sind weitere hunderttausende arabischer Flüchtlinge, dieses Mal in der Hauptsache aus Syrien, zu uns gelangt. Was wird wohl aus denen in 20 Jahren geworden sein? Wie viele werden dann die Kriminalstatistik um die syrischen Familienclans bereichern? Gar keine, denn nun wird alles besser mit der Integration und wir machen die Fehler der Vergangenheit ganz bestimmt nicht wieder und wir werden sie mit Bildung überschütten und sie mit ehrlicher Arbeit beschäftigen und sie rackern sich gerne für unser Rentensystem ab und das wird ihnen (und uns) ganz rosige Zukunftsaussichten bescheren und und und... Warten wir es ab!

These 5: Wir brauchen keine schärferen Gesetze, die vorhandenen müssen nur angewandt werden

Bei der Bekämpfung dieser kriminellen Strukturen ist es nur von zweitrangiger Bedeutung, ob die bestehenden Gesetze verschärft werden oder nicht. Das größere Problem besteht nämlich darin, dass unser Rechtssystem dabei genauso an seine Grenzen stößt wie bei der Behandlung von irrationalen Selbstmordattentätern, die ebenfalls in der Hauptsache aus dem arabisch-muslimischen Migrantenmilieu kommen.

Selbstverständlich sind bei weitem nicht alle arabischen Großfamilien im kriminellen Milieu aktiv oder Terroristennester. Aber es gibt doch erkennbare Aktivitäten ausgerechnet aus diesen Migrantengruppen, die durch deren Familienstrukturen und Traditionen begünstigt werden. In diese Strukturen kann die deutsche Polizei mit ihren Mitteln praktisch kaum eindringen, so dass die Ermittlungen ausgesprochen schwierig sind, wie Thomas Spaniel, vom Fachausschuss Kriminalitätsbekämpfung der Gewerkschaft der Polizei erklärt:

> *»Also man redet eigentlich sehr wenig mit der Polizei, genauso, ich sag mal, mit den Zeugen klärt man das unter sich, man bezahlt die Zeugen oder man schüch-*

tert sie ein mit Brutalität, so dass die Polizei eigentlich nur einen geringen Zeitrahmen hat, um Ermittlungen anzustellen und die Zeugen zu vernehmen.«[16]

Anstelle der deutschen Justiz haben muslimische Scharia-Richter mancherorts regelrechte Parallel-Gesetzgebungen aufgebaut; viele Muslime gehen bei Schwierigkeiten lieber zu ihrem Scharia-Richter als zur Polizei.[17]

Die nachteiligen Aspekte dieser Strukturen in absehbarer Zeit mit rechtsstaatlichen Mitteln aus dem Wege zu räumen, erscheint, vorsichtig ausgedrückt, als sehr ambitioniert. Das Problem ist schon lange bekannt, nur geschieht nichts, wie der SPIEGEL schon 2010 feststellen musste:

»´Ethnisch abgeschottete Subkulturen´, so war in dem mehrfach entschärften Bericht am Ende aber doch noch zu lesen, hätten sich ´unter erheblichem Missbrauch der vorhandenen Schwachstellen des bundesdeutschen Ausländer- und Asylrechts bereits fest etabliert´.

Die Zerschlagung solcher krimineller Strukturen werde ´nur noch in Teilbereichen´ möglich sein. Und das auch nur bei Zusammenarbeit´ aller mit der Thematik befassten Behörden, justizieller Unterstützung und dem Ausbau kriminaltaktischer Ermittlungsmaßnahmen´. Sprich: eigentlich nie.«[18]

Ähnlich schwierig wird es bei der Einschätzung, ob wir die uns fremden Vorstellungen von religiösen Riten und gesellschaftlichen Traditionen, von Ehrenmorden über Zwangsverheiratungen und Beschneidungen von kleinen Mädchen bis hin zu paralleler Scharia-Gesetzgebung mitten in unserer Gesellschaft in überschaubaren Zeiträumen in den Griff bekommen werden.

Kapitel B Terrorismus

These 6: Die Terrorgruppe des Islamischen Staates (IS) wurde durch westliches Fehlverhalten erst geschaffen

Zweifelsohne trugen und tragen westliche Aktivitäten gerade in jüngster Zeit zur Frontstellung vieler Muslime gegen den Westen bei. So wurde beispielsweise durch den Krieg gegen Saddam Hussein und dessen Sturz ein Machtvakuum und eine chaotische Situation im Irak geschaffen. Dieses Durcheinander und die vielen Fehler der amerikanischen Militärverwaltung legten den Grundstein, damit sich der IS überhaupt erst bilden konnte.

Allerdings übersieht diese Schuldzuweisung, dass die Protagonisten des Terrors und vor allem deren Brutalität nicht erst mit den Bomben der Amerikaner vom Himmel gefallen sind. Vielmehr besteht beispielsweise die Führung des IS nicht nur aus verrückten religiösen Fanatikern, sondern vor allem aus ehemaligen Offizieren aus Saddam Husseins Armee, Elitetruppen und Geheimdiensten. Das sind Profis in Sachen Machtaufbau und Machterhalt, die über Jahrzehnte gelernt haben, wie man ein Gebiet unter Kontrolle bringt, wie man Angst und Schrecken verbreitet und mit archaischer Brutalität jedes Aufbegehren im Keime erstickt. Diese Brutalität war auch vor dem Eingreifen der USA schon vorhanden, sie betraf nur andere Personengruppen und wurde vom Regime des Diktators Hussein nach Kräften geheim gehalten.

In Bezug auf den religiösen Fanatismus sei ferner auf die 1400 Jahre währende Feindschaft zwischen Sunniten und Schiiten verwiesen, die auch heute noch weit mehr muslimische Menschenleben fordert als alle westlichen Interventionen zusammen und die erst die Voraussetzung für die ideologische Aufladung der Mörderbanden liefert. Und schließlich erstickt die weit verbreitete religiöse Engstirnigkeit jegliche Entwicklung hin zu einer Freiheit des Geistes und der Menschen im Keim.

Wie immer, wenn lauthals auf die Vergehen anderer verwiesen wird, soll dadurch auch von eigenen Fehlern abgelenkt werden. Deshalb stellt der palästinensischstämmige Psychologe Ahmad Mansour fest:

> *»Wie, so muss man als Demokrat zuallererst fragen, konnte so ein Ungeheuer wie der IS vor aller Augen entstehen und wachsen? Eine Antwort muss lauten: Die Ideen mancher Eliten, vieler Imame und normaler Bürger in der arabischen Welt weisen Ähnlichkeiten mit der Ideologie des IS auf.«*[19]

Allerdings ist der Westen natürlich für viele der willkommene Sündenbock für alles, was im Orient schief läuft. Der stereotype Verweis auf die Schuld des Westens bietet damit oft eine willkommene Gelegenheit, der eigenen Verantwortung auszuweichen.

These 7: Die islamistischen Terroristen haben keinen Rückhalt in der muslimischen Bevölkerung Europas

In Diskussionen nach Terroranschlägen, die auf islamistische Täter zurückgehen, wird diese Behauptung immer wieder vorgebracht, um die große Masse der Muslime aus der Schusslinie zu nehmen und keinen Generalverdacht zuzulassen. Es ist natürlich völliger Unsinn, alle Muslime mit den kriminellen Attentätern gleich zu setzten. Doch zweifelsohne ist innerhalb der „Communities" der europäischen Muslime sehr wohl von einer relativ großen Sympathisantenszene für Radikale auszugehen.

Ein Beispiel: Einer der Haupttäter bei den Anschlägen in Paris im November 2015 mit weit über 100 Toten, Salah Abdeslam, konnte im Brüsseler Stadtteil Molenbeek wochenlang untertauchen. Sein Unterschlupf lag nur wenige Gehminuten von der nächsten Polizeistation entfernt, und dennoch konnte er relativ unbehelligt über den Marktplatz spazieren. Er wurde offenbar erkannt, aber keiner der Passanten unternahm etwas. Vielmehr befand er sich in einem Umfeld, das durch die Abneigung gegen den Westen geeint wird.[20]

Damit nicht genug: Obwohl Molenbeek inzwischen den Ruf einer *»Brutstätte des Islamismus«* genießt und alle Augen auf diesen Stadtteil gerichtet sind, sind die Rekrutierer des Islamischen Staates weiterhin unterwegs, wie Johan Leman, emeritierter Anthropologe und Leiter des Jugendzentrums Foyer, einer der angesehensten Begegnungsstätten in Molenbeek, erklärt:

> *»Wir wissen, dass noch mindestens zehn Leute hier in den Straßen sind und in die Cafés gehen, die mit jungen Leuten Kontakte haben. Das ist so. Jedermann hier in Molenbeek weiß, dass man es nicht alles kontrolliert.«[21]*

Völlig abwegig erscheint die Vorstellung, dies sei ohne eine doch erhebliche Sympathie innerhalb der Anwohnerschaft möglich. Denn wie sollten sich diese Halsabschneider immer noch unbehelligt in Cafés herumdrücken können, wenn sich das Umfeld uneingeschränkt den westlichen Werten und der belgischen Rechtsstaatlichkeit verpflichtet sähe? Ist Molenbeek die Ausnahme? Sehr wahrscheinlich nicht, wie beispielsweise der französische Polizeigewerkschafter Patrice Ribeiro bestätigte, der allein in Frankreich viele Molenbeeks sieht.[22] Dem gegenüber wiegelte der Berliner Innensenator Frank Henkel noch im Frühjahr 2016 ab: *»Solche Islamistenhochburgen haben wir bei uns nicht«.*[23] Allerdings sieht der deutsch-ägyptische Wissenschaftler Hamed Abdel-Samad sehr wohl eine Unterstützung seitens der breiten Masse der deutschen Muslime:

> *»Gerade friedfertige Muslime, die die wachsende Gefahr des militanten Islamismus vor der Haustür, ja im eigenen Haus erlebt haben, redeten diese Gefahr schön. Immer war der Westen an allem schuld.«[24]*

Wie der Anschlag auf den Berliner Weihnachtsmarkt blutig demonstrierte, hat der Terror nun auch deutschen Boden erreicht – und der Attentäter kam nicht aus dem luftleeren Raum.

Erst recht nicht all jene, die in der Vergangenheit zwar im Ausland mordeten, in Deutschland aber ihren Rückzugsraum sahen.

These 8: Die Flüchtlinge sind ja gerade vor Krieg und Terror geflüchtet, also geht von ihnen keine Gefahr aus

2015/16 sind sehr viele Menschen aus genau den Regionen nach Europa und vor allem nach Deutschland gekommen, in denen Krieg und Terror herrschen. Daraus wird geschlossen, dass diese Menschen nur auf Sicherheit für sich und ihre Angehörigen bedacht seien, also würden sie sich gewiss nicht den Terroristen anschließen. Dies kann aus mehreren Gründen ein Trugschluss sein.

Zunächst sind die Menschen natürlich einmal froh und dankbar, im Westen angekommen und aufgenommen worden zu sein. Bedrohlich wird es erst, wenn ihnen im gelobten Land keine Beschäftigung und damit keine angemessene Perspektive geboten wird bzw. werden kann. Selbst die wohlwollendsten Aufnahmebefürworter geben zu, dass dann beträchtliche Probleme bis hin zur Radikalisierung der beschäftigungslosen, frustrierten Migranten drohen. Wie wenig wahrscheinlich die Beschäftigung der großen Mehrheit der Zuwanderer ist, wird in den Thesen des Kapitels „Zuwanderung" ausführlich behandelt.

Darüber hinaus sprechen aber auch weitere Aspekte gegen die vorschnelle Entwarnung bezüglich der potenziellen Gefahren, die von den neu angekommenen, muslimischen Flüchtlingen ausgehen könnten: Wie viele dieser Männer (und Frauen) hatten sich wohl während des Streits um die Mohammed-Karikaturen 2005/06 ekstatisch über den verwerflichen Westen ereifert und Fahnen westlicher Staaten verbrannt? Sind diese Leute, nun, da sie „Opfer" sind und uns um Aufnahme und Hilfe bitten, alle geläutert? Vielmehr ist anzunehmen, dass deren Einstellung zum Westen nach wie vor nicht wirklich positiv geprägt ist. Wie gesagt, anfangs sind natürlich fast alle dankbar, vom Westen aufgenommen zu werden. Aber das heißt nicht zwangsläufig, sie stünden der westlichen Kultur auch entsprechend aufgeschlossen gegenüber.

Schon erste Erfahrungen von helfenden Frauen in den Flüchtlingslagern wiesen darauf hin. So wurde diesen Frauen nicht nur das Reichen und Schütteln der Hand zur Begrüßung verweigert, sondern sogar von Frauen angebotenes Essen und andere Hilfsmaßnahmen wurden abgelehnt. Auch Berichte über die Bedrohung von Mitgliedern von Minderheiten in den Flüchtlingsheimen gab es zuhauf. Hier einige exemplarische Aussagen von Betroffenen:

> *»Ein Sicherheitsbeamter im Aufnahmeheim sagte, er schäme sich als Araber, weil ich ein arabischer Transgender sei. Was ist schändlich daran? Und was geht ihn das überhaupt an? In der Unterkunft haben mich andere Flüchtlinge beschimpft und auch versucht, mich zu schlagen. Diese Menschen aus muslimischen Ländern und aus Albanien akzeptieren weder Transgender noch Schwule.«*[25]

> *»Vor zwei Wochen ich war in meinem Zimmer und wir hatten Waschmaschinen-Termin und meine Mutter war runtergegangen für Waschmaschine und da war eine Frau mit ihrem Kind. Die haben zu meiner Mutter gesagt, warum hast Du kein Kopftuch? Du bist Perser, Du musst Moslem sein. Ihr müsst mit Kopftücher sein, ihr seid nicht Menschen.«*[26]

> *»Als sie gesehen haben, dass wir ein Kreuz trugen, haben sie auf den Boden gespuckt und uns als Verräter bezeichnet. Wir standen in der Schlange an, um zu essen und sind dann nach draußen gedrängt worden. Dort haben afghanische Muslime einen von uns attackiert, der Herzprobleme hatte. Dann wollten wir ihn – wir waren zu viert – schützen, aber es kamen noch 20, 30 andere Muslime, die uns geschlagen haben.«*[27]

> *»Aber wenn du in der Schlange beim LAGeSo[C] stehst
> und diese fanatischen Sätze hörst, von der Scharia –
> die ganze Zeit reden sie über das islamische Recht,
> von den ungläubigen Deutschen, dass ihre, die islami-
> sche Religion die bessere sei. Manche träumen sogar,
> die Deutschen zum Islam zu bekehren.«[28]*

Diese Schilderungen belegen eine tief sitzende Ablehnung unseres Verständnisses von Zusammenleben, Minderheitenschutz,
Religionsfreiheit usw., die nicht nur bei einzelnen zu beobachten
ist, sondern mindestens von sehr vielen Muslimen – darunter
auch viele, die gerade vor islamistischem Terror geflohen
sind – Besitz ergriffen hat.

In aller Deutlichkeit muss an dieser Stelle aber festgestellt werden: Die Flüchtlinge sind nicht von vornherein potenzielle Attentäter und Extremisten, nur weil sie Flüchtlinge sind. Insofern ist
eine direkte Verknüpfung zwischen den Terroranschlägen etwa
in Paris, Berlin oder Manchester mit weit über 100 Toten und
den 2015/16 angekommenen Flüchtlingen natürlich Unsinn,
selbst wenn der ein oder andere Terrorist darunter war und sich
mit den vielen anderen herein geschmuggelt hatte. Das Gleiche
gilt für muslimische Mitbürger, die schon lange in unseren westlichen Gesellschaften leben und sich mittlerweile glaubhaft westlichen Wertvorstellungen verpflichtet fühlen.

Leider entsteht aber sehr wohl eine Verbindung, sobald die
(muslimischen) Flüchtlinge nämlich nicht harmonisch in unser
Gemeinwesen eingefügt werden können, wenn sie keine ausreichende Beschäftigung finden und die Hoffnungen, die riesen-
groß waren und zusätzlich durch Refugees-Welcome-Plakate
massiv befeuert wurden, nicht ausreichend erfüllt oder gar enttäuscht werden. Dann haben wir das Potenzial der Unzufriedenen dramatisch vergrößert - vergrößert um ein Klientel, das aufgrund seiner Herkunft erheblich gewaltaffiner ist als bio-einhei-
mische Enttäuschte.

[C] LaGeSo: Landesamt für Gesundheit und Soziales in Berlin

Das ist eine sehr ungünstige Voraussetzung für die Integration in das westliche Werteverständnis, die auch durch die empörte Zurückweisung von angeblichen Generalverdächtigungen nicht aus der Welt geschafft wird. Denn sobald die Integration (die eigentlich eine Assimilation sein muss!) nicht ausreichend tief gelingt, entsteht leider sehr wohl eine Verbindung zwischen muslimischen Flüchtlingen und islamistischem Terror, ebenso, wie zwischen muslimischen „Alt-Migranten" und den Extremisten.

These 9: Wir dürfen die Augen vor den Problemen nicht verschließen

Angesichts der nach wie vor ungelösten Probleme bei der Integration von sehr vielen Zuwanderern gerade aus dem arabisch-muslimischen Raum wird immer deutlicher, welche Hindernisse durch die Ablehnung der westlichen Wertvorstellungen zu überwinden sind. Dieser Verweigerung liegt ein ganz klares Feind- und Opferbild zugrunde, auf welches Ahmad Mansour aufmerksam macht:

> *»In arabischen, türkischen Moscheen sowohl im Inland wie im Ausland zeichnen Imame gern Schwarz-Weiß-Bilder vom schlimmen Westen, von dekadenten und verleumderischen Europäern, Amerikanern, Juden, Israelis. Das ist die Standard-Folklore der aktuellen arabischen Welt – so bekannt wie still toleriert.*
>
> *Muslime stellen sich selbst oft als Opfer des Westens dar, sowohl historisch als auch aktuell. Kein Wort jedoch zur Verantwortung für die eigene Lage.«*[29]

Besonders das Opferbild wird von politisch korrekter Seite bei uns sogar noch bestärkt:

> *»Aber auf der anderen Seite merke ich, dass manche politische Richtung in diesem Land nur bereit ist, uns, die Muslime, als Opfer wahrzunehmen. Wenn wir die Verantwortung übernehmen, wenn wir Missstände in unserer eigenen Community ansprechen, dann pas-*

sen wir nicht in dieses Bild und werden ganz schnell entweder nicht wahrgenommen oder auch diffamiert auf eine sehr politisch korrekte Art und Weise, natürlich nicht vergleichbar mit dem, was ich von der islamistischen Ecke bekomme, aber das ist für mich auch eine Art von Rassismus.«[30]

Um den Schwung der Hilfsbereitschaft in Deutschland nicht erlahmen zu lassen, wird immer wieder gefordert, es müssten mehr Positiv-Beispiele für gelungene Integrationsarbeit gezeigt werden, die eine Vorbildfunktion darstellen könnten. Daher werden in den einschlägigen Talkshows und Berichten lieber die Vorzeige-Syrer gezeigt, die nichts mehr wünschen, als so schnell wie möglich zu arbeiten und sich nahtlos in unsere Gesellschaft einzufügen. Diese Überbetonung der Positiv-Beispiele stellt tatsächlich aber eine Verniedlichung, wenn nicht gar eine Verzerrung der Realität dar, die uns allen früher oder später wieder auf die Füße fallen wird.

These 10: Die Mehrheit der Muslime ist friedliebend

Die Diskussionen über die multikulturelle Gesellschaft wird bisweilen sehr stark auf alles reduziert, was mit den muslimischen Zuwanderern direkt oder indirekt verbunden ist. Das ist sicherlich eine Verkürzung und Verengung, aber nachvollziehbar angesichts der aktuellen Bedrohungslage, die nun mal maßgeblich von den aggressiven Gruppen geprägt ist, die sich auf den Islam berufen. Dabei wird immer wieder festgestellt, dass die übergroße Mehrheit der Muslime nichts weiter wolle, als friedlich und in Ruhe vor sich hin zu leben. Deshalb dürfe man die radikalen Fundamentalisten nicht in einen Topf mit den vielen friedlichen Muslimen werfen. Das ist natürlich völlig richtig – obwohl die Aussage zur unbedingten Friedfertigkeit der großen Mehrheit meines Wissens noch nie wissenschaftlich untersucht wurde und daher zunächst auch nur eine Vermutung darstellt.

Allerdings ist es nicht die ganze Wahrheit. Aggressive Minderheiten müssen immer in einer zugeneigten, zumindest aber duldenden Mehrheit schwimmen, gegebenenfalls auch mal untertauchen können und ein Reservoir an Unzufriedenen für die Anwerbung neuer Mitkämpfer finden. Würde diese Basis fehlen, so könnten sich die radikalen Aktivisten nicht lange halten. Beispiel: Die Nazis konnten nur in einer grundsätzlich national-konservativen bis reaktionären Gesellschaft groß werden, die sich gedemütigt fühlte und mit den Gegebenheiten, wie sie nach dem Ende des Ersten Weltkrieges vorlagen, nicht abfinden wollte. In einer individualisierten, hedonistischen Gesellschaft wie heute hätten sie keine Chance mit ihren pathetischen und gleichzeitig oft grob vulgären Parolen.

Die Mehrheit der Muslime nicht nur in Deutschland, sondern in ganz Europa ist sicherlich friedliebend. Aber daneben scheint sich doch ein Gefühl der Enttäuschung und Frustration so stark ausgebildet zu haben, dass aus ihrer Mitte heraus Radikale und sogar sogenannte Hassprediger lange Zeit völlig ungeschoren ihr Gift verspritzen konnten. Erst seit sich die Folgen dieses Wirkens im Untergrund auch öffentlichkeitswirksam für die gesamte Gesellschaft zeigen (vornehmlich durch Anschläge), werden mehr oder weniger glaubwürdige Versuche der Abgrenzung auch von offiziellen Vertretern der Muslime unternommen.

Mindestens eine, vorsichtig formuliert, skeptische Haltung gegenüber unseren westlichen Werten ist auch seitens vieler dieser friedliebenden Muslime zu erkennen. Die weit verbreitete Verachtung von Minderheiten, wie Schwulen, Lesben oder Nicht-Gläubigen deutet jedenfalls darauf hin. Weitere Hinweise auf eine Ablehnung unserer Werte und ein gewisses wohlwollendes Dulden der wenigen Extremen durch viele „Neutrale" gibt auch die lange Zeit sehr schwache Frontstellung innerhalb der muslimischen „Community" gegen mancherorts praktizierte, archaische Gewohnheiten von Vollverschleierungen über Zwangsverheiratungen bis hin zu Ehrenmorden[31].

These 11: Wir geben den Zuwanderern keine echte Chance

Dem Hinweis auf überkommene Gewohnheiten bei Migranten, die mit unseren Gesellschaftsvorstellungen nicht vereinbar sind, wird regelmäßig entgegengehalten: Das ist ja auch nicht verwunderlich, wir haben ihnen ja auch keine Chance gegeben, wie sollten sie dann also nicht skeptisch gegenüber unserer Ordnung sein und schließlich frustriert werden? Das ist wieder der vereinfachende Reflex: Wir sind selbst schuld, weil wir so ignorant sind, die armen Zuwanderer sind nur Opfer.

Das lässt allerdings völlig außer Acht, dass nicht alle Zuwanderer ihre Chance so wenig ergreifen wie leider viele muslimische, was Hamed Abdel-Samad unmissverständlich klar macht:

> *»Aber die gleichen Banlieues[D] haben auch marginalisierte christliche Afrikaner, und trotzdem enthaupten sie niemanden. In London gibt es nicht nur benachteiligte Muslime, sondern auch benachteiligte Hindus, in den gleichen Vierteln. Jagen die Busse oder Konzerthallen in die Luft? Es stimmt ja: Die USA haben überall in der Welt Unheil gestiftet; in Vietnam, in Nicaragua, in Chile, in Korea. Aber trotzdem gibt es dort keinen Vergeltungsterror gegen US-Ziele. Warum? Weil die Kränkung bei Muslimen auch eine kulturelle Komponente hat.«[32]*

Sogar innerhalb der muslimischen Gruppen sind deutliche Unterschiede erkennbar. Beispielsweise sind (in der Mehrzahl) junge Männer stärker abgehängt als junge Frauen. Letztere sollten eigentlich die gleichen Voraussetzungen für eine gelungene Eingliederung haben, überflügeln ihre Brüder in der Schule dann aber oft bei weitem – was bei diesen zu noch mehr Frust führt.[33]

Dieses Opfer-Narrativ übersieht auch weitgehend, dass innerhalb der muslimischen Gemeinschaften offensichtlich Strukturen

---

[D] Banlieus: Vorstädte um französische Metropolen wie Paris, Marseille oder Toulouse, in denen viele Migranten wohnen.

existieren, die mit unserer Vorstellung von Gesellschaft nur schwer vereinbar sind. Hierbei scheint gerade die Religion eine besondere Rolle zu spielen. So suchen Menschen, die in eine fremde Umgebung kommen, naturgemäß noch mehr ihresgleichen als unter „normalen" Umständen. Die gemeinsame Religion bietet eine gute Gelegenheit, sich weiter abzuschotten. Diese Abschottung kann dann zum Beispiel zu einer weiteren Entfernung von Bildung führen, was wiederum die Berufschancen verringert und die Frustration der muslimischen Migranten noch mehr erhöht, wie Prof. Klaus Bade, ehemaliger Direktor für Migrationsforschung der Universität in Osnabrück, darlegt.[34]

Sehr harsch fällt auch die Kritik des islamischen Theologen Abdel-Hakim Ourghi etwa über den Islamunterricht in Deutschland aus: *»Es geht um die Unterwerfung und Bevormundung der Kinder«*. Der Leiter des Fachbereichs Islamische Theologie und Religionspädagogik der Pädagogischen Hochschule Freiburg bemängelt, dass die Jungen und Mädchen im Islamunterricht zu oft *»an patriarchale Strukturen gewöhnt und ihrem westlichen Umfeld entfremdet«* würden. Besonders die Importimame strebten häufig eine enge Bindung an die Herkunftsländer an, womit die Kinder *»auch vor Verwestlichung geschützt werden«* sollten. Dies könne Parallelgesellschaften und Ausgrenzung den Weg ebnen.[35]

Dass es sich bei dieser von der Religion induzierten Abschottung von unseren demokratischen Prinzipien und freiheitlichen Werten inzwischen nicht mehr nur um bedauernswerte Einzelfälle handelt, macht auch Ahmad Mansour, Psychologe und Autor des Buches „Generation Allah" klar:

> *»'Generation Allah' sind tausende von Jugendlichen, die zu dieser Gesellschaft gehören. Wir haben die Wahl. Wir können jetzt sagen: Das ist eine Minderheit; das sind Einzelfälle, wie manche Politiker gerne sagen; wir glauben, dass es irgendwann das Problem nicht mehr gibt oder dass Menschen nicht über solche Probleme berichten. Oder wir können anfangen, uns*

um diese Jugendlichen zu kümmern. Wenn Sie Leh-
rer, Sozialarbeiter fragen, dann werden Sie ganz
schnell merken, dass solche Zustände fatal sind.«[36]

Zahlreiche weitere Wissenschaftler und Kenner der Szene weisen auf dieses grundsätzliche Problem hin. So bemängelt zum
Beispiel Necla Kelek, Soziologin mit türkischen Wurzeln, die seit
Jahren islamisch geprägte Parallelgesellschaften untersucht,
dass nach jedem von islamistischen Extremisten in Europa ver-
übten Anschlag oder Attentat sofort stereotyp von allen Seiten
versichert werde, der Islam hätte mit diesen Wirrköpfen nichts
zu tun und die vielen friedlichen Muslime schon gar nicht.

Aber dabei werde völlig ignoriert, dass beispielsweise die jungen
Menschen in einem von muslimischen Traditionen und famili-
ären Strukturen geprägten Umfeld aufwüchsen, die ihnen ein
Ankommen in der freiheitlichen, demokratischen Gesellschaft
kaum möglich machten. In den Moscheen würden dann diese
Strukturen manifestiert, indem die familiäre Unterwerfung gegenüber dem Vater durch die Unterwerfung unter Allahs Gesetze erweitert würde.[37]

So wird nicht der Weg in die moderne, freiheitliche Gesellschaft
gewiesen, sondern die Grundlage für eine vergleichsweise
schnelle Radikalisierung gelegt, sobald nur die Frustration durch
fehlenden Erfolg im weiteren Werdegang und durch tatsächliche
oder nur empfundene Diskriminierung groß genug wird.

These 12: Die Zuwanderer werden permanent diskrimi-
niert

Verfechter der multikulturellen Gesellschaft sehen dennoch die
Ursachen für die Probleme beim Zusammenleben der vielen
Ethnien und Religionen in erster Linie beim Staat und bei einem
Großteil der alteingesessenen Bevölkerung. Unentwegt werden
Forderungen an die Aufnahmegesellschaft gestellt (*»wir brau-*
chen...« und *»wir müssen...«*) und an jeder Ecke wird das Ge-
spenst der Diskriminierung erkannt. Den Migranten wird der Opf-
erstatus und das Gefühl der Benachteiligung regelrecht einge-

impft. Da wird einem Zuwanderer beispielsweise gesagt: „Sie sprechen aber gut Deutsch". Eine fürchterliche Diskriminierung! Was genauso gut auch als Lob gelten könnte, wird wie selbstverständlich als diskriminierend gewertet. Oder es wird ein dunkelhäutiger Gesprächspartner gefragt, wo er denn herkomme. Ebenfalls eine Unverschämtheit. Wie soll denn gegenseitiges Verständnis aufkommen, wenn man nicht einmal mehr nach der Herkunft fragen kann, weil der Gesprächspartner nun mal anders aussieht, ohne Gefahr zu laufen, den anderen angeblich herabzuwürdigen? Wie oft werden Bayern gefragt, wenn sie sich nördlich des Weißwurstäquators bewegen: „Na, sie kommen doch auch nicht von hier?"

Zweifelsohne gibt es echte Diskriminierung, die behindert und herabwürdigt, die soll auch gar nicht verharmlost werden, aber man gewinnt fast den Eindruck, ein Migrant, der etwas auf sich hält, aber nicht diskriminiert wird, das ist geradezu ein Ding der Unmöglichkeit. Der ehemalige Neuköllner Bezirksbürgermeister Heinz Buschkowsky (SPD) hat das in einem Interview anlässlich der Veröffentlichung seines Buches „Die andere Gesellschaft" recht anschaulich geschildert:

> *»Ich habe in meinem Buch auch alle immer gefragt: Werden Einwanderer diskriminiert? Und die einhellige Antwort war: ja! Dann habe ich gefragt: Erzähl mir mal oder erzählen Sie mir bitte, wann sind Sie das letzte Mal diskriminiert worden und was ist genau passiert? Die Antwort war unisono, ohne jede Ausnahme: Nein, ich meine nicht mich selbst. Mir selbst ist das noch nicht passiert, aber ich habe gehört, dass ...«.*[38]

Die Vorstellung der permanenten Diskriminierung hat bei uns inzwischen ein Klima erzeugt, indem jede Unsicherheit bei den Einheimischen im Umgang mit den Migranten, aber auch jedes Scheitern an irgendeiner Aufgabe seitens der Zuwanderer, jedes eigene Verschulden für einen Misserfolg sehr leicht mit dem Odium der Diskriminierung belegt wird. Das transportierte Stereotyp lautet: Zu viele Bio-Deutsche gebärden sich in ihrer dumpfen Masse als diskriminierende, ausländerfeindliche Rassisten, unfähig zur Willkommenskultur, und die Migranten sind die armen Opfer.

Mit einer derartigen Konditionierung wird das Zusammenwachsen nie gelingen!

These 13: In Deutschland gibt es keine Parallelgesellschaften

Die Wegbereiterinnen einer Sympathisantenszene für Radikale sind Parallelgesellschaften, gebildet aus migrantischen „Communities" innerhalb unserer Städte. Auch die Existenz dieser Parallelgesellschaften wird immer wieder bestritten, besonders dann, wenn die Zustände in einigen deutschen Großstädten zum Anlass genommen werden, gegen die multikulturelle Gesellschaftsidee Stimmung zu machen.

Parallelgesellschaft bedeutet dabei, dass Migrantengruppen weitgehend unter sich bleiben und das deutsche Umfeld ignorieren. Hiervon, so die These, könne überhaupt keine Rede sein, denn man könne erst von Parallelgesellschaften sprechen, wenn die Migranten eine eigene Gerichtsbarkeit und eine eigene Polizei installierten.[39] Nach dieser Definition gibt es wahrscheinlich noch keine Parallelgesellschaften im wissenschaftlichen Sinne.

Aus dem Blickwinkel dessen, der täglich mit solchen Strukturen zu tun und zu kämpfen hatte, beschreibt Heinz Buschkowsky eine andere Wirklichkeit:

> *»Sie bilden Netzwerke, die nur einem Zweck dienen: unter sich zu bleiben, die eigenen kulturellen und religiösen Normen zu bewahren, die Kinder vor sündigen Einflüssen zu beschützen und der deutschen Lebensart, den deutschen Lebensregeln und den deutschen Gesetzen auszuweichen.«[40]*

Buschkowski sieht in dieser Haltung vieler Einwanderer, die weder die Staatsgewalt achteten noch sich als Teil dieser Gesellschaft sähen, eine Bedrohung nicht nur für die Sozialsysteme, sondern für den demokratischen Rechtsstaat überhaupt.[41]

Wie weit die Etablierung einer eigenen Gerichtsbarkeit in Vorstufen schon gediehen ist, zeigt eine Studie über Paralleljustiz, die im Auftrag des Landes Berlin erstellt wurde:

> *»In Teilen der Stadt herrscht insbesondere in bestimmten ethnisch-kulturell definierten Communities ein Klima der Angst, ausgelöst durch gewalttätige, von staatlichen Behörden nur noch unzureichend kontrollierte Clanmilieus. Das betrifft Teile von Neukölln, Wedding, Moabit, aber auch Kreuzberg oder Charlottenburg und scheint sich gegenwärtig auszuweiten.*
>
> *Diese Clans stützen sich auf eine geschlossene Familienstruktur mit starken internen Loyalitäten. Anders als bei osteuropäischen OK-Strukturen[E] bleiben die hier beschriebenen Clans auch weitgehend „unter sich", perpetuieren also den Clanzusammenhalt auf der Basis von Großfamilienstrukturen.«*[42]

Man kann sich also auf die rein wissenschaftliche Definition von Parallelgesellschaften zurückziehen, um diese in Deutschland nicht sehen zu wollen. In der Realität gibt es sie und sie sind viel mehr *»Brutstätten des Islamismus«* als Hort der Integration und Akzeptanz der westlichen Werte.

These 14: Die Silvesternacht 2015 war einmalig

In der Silvesternacht 2015 kam es in Köln zu massenhaften Übergriffen von Migranten und Flüchtlingen vornehmlich aus Nordafrika und dem arabischen Raum. Dabei wurden der Domplatz und der in unmittelbarer Nähe befindliche Hauptbahnhof von geschätzt 1.000 bis 1.500 jungen Männern regelrecht besetzt. Passanten, darunter in der Mehrzahl Frauen, wurden von Rudeln zu 30, 40 oder noch mehr umringt, ausgeraubt und sexuell belästigt, möglicherweise bis hin zu Vergewaltigungen. Die

---

[E] OK = organisierte Kriminalität

Polizei war angesichts dieser Massen über Stunden nicht in der Lage, die Sicherheit der anderen Bürger, die wie üblich Silvester feiern wollten, zu gewährleisten und die Ordnung wieder herzustellen.

Im öffentlichen Diskurs wird der Begriff „Kölner Silvesternacht" inzwischen als Synonym für diese Ereignisse verwendet. Aber neben Köln war es auch in vielen anderen deutschen Städten (u. a. Berlin, Hamburg, Stuttgart, Düsseldorf, Dortmund, Bielefeld) zu vergleichbaren Ausschreitungen mit hunderten oder gar tausenden Migranten und Flüchtlingen gekommen.

Ein Blick über die deutschen Landesgrenzen zeigt sogar, dass es kein „deutsches" Phänomen war, denn in anderen Ländern ist diese Geringschätzung des Westens, seiner Regeln und besonders die Verachtung gegenüber westlichen Frauen durch muslimische Migranten gleichermaßen zu beobachten: So hatte Norwegen sein „Köln" schon vor rund fünf Jahren. Eine Serie von Vergewaltigungen in der Zeit zwischen 2009 und 2011 löste eine Diskussion aus, in welcher der politisch korrekte Aufschrei besonders laut wurde, als die Polizei das Tabu brach, die migrantische Herkunft der Mehrheit der Täter ganz klar zu benennen. Die Psychologin Kristin Spitznogle dazu:

> *»Für diese Männer ist das Kopftuch ein Symbol. Es unterscheidet demütige, „ordentliche" muslimische Frauen von, wie sie es sagen, norwegischen Huren. Und das ist ein Zitat!«*[43]

Die Soziologin Petra Åkesson soll eine Studie über islamische Jugendliche in Malmö/Schweden durchgeführt haben, in der sie offenbar ähnlich haarsträubende Einstellungen bei kriminellen Jugendlichen ausländischer Herkunft festgestellt habe. Diese Studie wird, soweit ich recherchieren konnte, deutschsprachig aber nur auf „einschlägigen" Internetseiten erwähnt, so dass deren Wahrheitsgehalt nicht gesichert ist. Träfen die Aussagen aber zu, so wäre dies besonders bemerkenswert, da doch gerade Schweden bei allen Befürwortern der fortgesetzten Migration gern als vorbildlich in Bezug auf seine Integrationsleistungen gilt. Auf jeden Fall hat Schweden inzwischen vergleichbare Probleme mit der Zuwanderung wie alle anderen westeuropäischen Länder auch.[44]

In der englischen Stadt Rotherham wurden zwischen 2007 und 2013 mehr als 1.000 Kinder und Jugendliche sexuell von pakistanischen Männern missbraucht. Auch hier sollten die Taten zunächst vertuscht werden, weil die Behörden befürchteten, als rassistisch gebrandmarkt zu werden.[45] In dieser Hinsicht nichts zu vertuschen gab es 2005 bei den Krawallen in den Pariser Banlieues, als jugendliche Migranten nicht nur ihren Frust über Diskriminierung und zu wenig Perspektive auslebten, sondern auch ihrer Verachtung gegenüber der französischen Gesellschaft eindrucksvoll Ausdruck verliehen.

These 15: Migranten dürfen nicht unter Generalverdacht gestellt werden

Die Ereignisse der Silvesternacht 2015 gingen in der Hauptsache auf männliche, arabisch-muslimische Täter zurück. In den obligatorischen Stellungnahmen und Diskussionsrunden in Funk und Fernsehen wurde sofort nach Bekanntwerden der Vorfälle natürlich auch von Multikulti-Seite höchstes Bedauern und Mitgefühl für die Opfer geäußert. Das sei selbstverständlich alles *»ganz widerwärtig«* und die Täter seien Verbrecher, die schnell und hart bestraft werden müssten. Bundesjustizminister Heiko Maas sprach gar von einem *»zeitweiligen Zivilisationsbruch«*.[46] Oft wurde dann noch im gleichen Atemzuge festgestellt, es sei andererseits überhaupt nicht hinzunehmen, jetzt pauschal alle Flüchtlinge zu stigmatisieren und unter Generalverdacht zu stellen.[47]

Der Vorwurf der pauschalen Stigmatisierung und des Generalverdachts gegenüber allen Migranten kommt jedes Mal, wo und wann auch immer ein Zuwanderer sich einer kriminellen Handlung schuldig gemacht hat - obwohl kein einziger seriöser Gesprächspartner auch nur andeutungsweise einen solchen Verdacht ausgesprochen hat. Hilfsweise wird dann sofort auf Kommentare *»im Netz«* verwiesen, wo man bekanntermaßen alles findet, wenn man nur will.

Aber wenn permanent über den angeblich immer wieder vorgebrachten Generalverdacht lamentiert wird, dann müssen wir uns das Phänomen „Generalverdacht" noch etwas genauer ansehen. Zunächst, was heißt es überhaupt, eine bestimmte gesellschaftliche Gruppe als Ganzes dem Verdacht zu unterwerfen, zu einer bestimmten Handlungsweise willens oder fähig zu sein? Im Duden wird definiert: *»schon ohne konkrete Anhaltspunkte generell gehegter Verdacht.«*[48]

Wessen können die muslimischen Flüchtlinge und Migranten verdächtigt werden, weil sie muslimische Flüchtlinge und Migranten sind? Innerhalb vieler muslimischer Gemeinschaften im Inland, aber auch im Ausland, herrscht offenbar ein Klima der intoleranten, patriarchalen, traditionalistischen Regeln und Verhaltensweisen vor, welche, von einer oft sehr konservativen Auslegung des Islam bestärkt, nicht nur konträr zu unseren Vorstellungen über Gleichberechtigung von Frauen, Schwulen, Lesben, religiös Andersdenkenden usw. steht, sondern auch mit einer sehr tief sitzenden Verachtung für alles Westliche (außer der wirtschaftlichen Leistungsfähigkeit) einhergeht.

Die Gemeinsamkeit vieler Muslime, ob aktuelle Flüchtlinge oder bereits seit langem im Westen lebend, wird genau in dieser weit verbreiteten Geringschätzung bis hin zu Verachtung reichenden Sicht auf westliche Verhaltensweisen und Lebensgewohnheiten deutlich. In Deutschland drückt sich dies auf vielfältige Weise aus, wenn zum Beispiel muslimische Mädchen mit westlichen Verhaltensweisen von ihren Vätern und Brüdern unter Druck gesetzt werden, sich „gesitteter" zu kleiden und zu benehmen, nicht am Schwimmunterricht teilzunehmen oder gezwungen werden, ein Kopftuch zu tragen. Zwangsverheiratungen und die berüchtigten Ehrenmorde sind dabei nur die Spitze dieses Unterdrückungs-Eisberges und offenbaren die dahintersteckende Ablehnung der westlichen Sitten auf besonders drastische Weise. Auch die Bevorzugung von sogenannten Scharia-Gerichten innerhalb einiger muslimischer Ghettos gegenüber der deutschen Polizei und Gerichtsbarkeit spart zwar Steuergelder, lässt jedoch ebenfalls ein gehöriges Misstrauen gegenüber der staatlichen Gewalt erkennen.

Damit werden die Muslime als Gruppe tatsächlich unter Generalverdacht gestellt. Kann das sein? Darf das sein?

Zunächst muss noch einmal klargestellt werden, dass es nicht an der biologischen Verfasstheit der Menschen, die zu uns kommen, liegt, wenn sie sich oft nicht oder nur wenig in unsere Ordnung einfügen können bzw. wollen. Vielmehr liegt das systematische Problem in ihrer Sozialisation, welche sie unter anderem mit Tradition und Religion aus ihrer Heimat mitbringen und bei uns weiter pflegen. Der Generalverdacht ist also sehr wohl begründet, denn er betrifft die kulturelle und religiöse Verfasstheit mindestens einer sehr großen Zahl von Einwanderern muslimischen Glaubens, welche sie in Konflikt mit unseren Wertvorstellungen bringt und welche sie trotz dieses Konfliktes offenbar nicht ablegen wollen.

Der stereotype Vorwurf des Generalverdachts hat aber auch noch eine scheinheilige Seite, auf welche Hamed Abdel-Samad hinweist:

»*Entlarvend finde ich aber, dass dieselben Leute, die sagen, dass man Muslime nicht unter Generalverdacht stellen soll, davor warnen, dass ankommende Flüchtlinge sich radikalisieren würden, wenn man sie nicht super integriere. Das ist doch genau der Generalverdacht! Der islamische Junge kriegt keinen Job, also wird er sich eine Kalaschnikow holen, logisch. Es ist ein böser Verdacht, aber es ist auch was dran. Warum machen das die Vietnamesen, Hindus, Ukrainer und Russlanddeutschen nicht? Warum stehen sie folglich nicht unter Verdacht? Weil es im Islam tatsächlich ein Gewaltpotenzial gibt, und dieses Potenzial wird täglich in allen Ecken der Welt ausgeschöpft.*«[49]

These 16: Generalverdächtigungen sind grundsätzlich nicht zulässig

An dieser Stelle sei ein Gedankenexperiment erlaubt: Was wäre geschehen, wenn die Massenübergriffe nicht von Migranten und Flüchtlingen verübt worden wären, sondern von einer Meute rechter Hooligans oder Pegida-Anhängern. Welcher Generalverdacht hätte sich dann wohl über ganz normale Bürger ergossen, die aus Mangel an Alternativen ihren Unmut über die Migrationspolitik nun mal nicht anders öffentlich äußern können, als durch die Teilnahme an diesen Pegida-Demos? Auch bei den Anschlägen auf die Asylantenheime werden genau diese Stigmatisierungen aller Demonstranten gegen die massenhafte Zuwanderung oder möglicherweise die Errichtung eines Asylantenheims in ihrer Nachbarschaft vorgenommen. Egal, ob die Einwände dieser Demonstranten berechtigt sind oder nicht und ob die Menschen friedlich demonstrieren oder tatsächlich gewalttätig sind, es werden alle in einen Sack gesteckt.

Es drängt sich der Verdacht auf, dass das Mittel des Generalverdachts immer dann als vollkommen indiskutabel und abwegig angesehen wird, wenn er die „falsche" Gruppe betrifft. Bei der „richtigen" (= rechten) Gruppe sind wie auch immer beschaffene Generalverdächtigungen dagegen nur zu gerechtfertigt. Umgekehrt wird einem Generalverdacht auch sehr schnell ein Generalfreispruch entgegengestellt, sofern er wiederum nur die passende weil genehme Gruppe betrifft. Ob ein Generalverdacht als zulässig erachtet wird oder nicht, hängt also in den meisten Fällen nicht von den realen, objektiv zu bewertenden Gegebenheiten ab, sondern viel mehr von der Einstellung und Position des Urteilenden. Am Ende ist das nichts weiter als eine ausgewachsene Empörungs-Inszenierung.

Kapitel C Fremdenangst

These 17: Die Angst vor Fremden ist irrational und völlig unbegründet

Über eine Entwicklungszeit der Menschwerdung von mehreren Millionen Jahren hinweg war es in der bei weitem längsten Phase nicht nur sinnvoll, sondern geradezu überlebensnotwendig, Angst vor Fremden zu haben. Die Menschen lebten in Gruppen von meist ca. 70 bis 200 Personen, hatten enge Beziehungen zu den eigenen Sippenmitgliedern, nicht mehr ganz so enge zu den Nachbarsippen und nur sehr spärliche zu weiter entfernten Gruppen. Tauchten Fremde in größerer Anzahl auf, so bedeutete dies in aller Regel Gefahr für Leib und Leben des Einzelnen und der ganzen Sippe. Deshalb ist mit dem tief verwurzelten Gefühl der Angst vor Fremden auch das Bedürfnis nach Abgrenzung gegen Fremde verbunden. Wen man nicht kannte, den ließ man besser nicht so nah an sich herankommen.

Wenn über Jahrmillionen in erster Linie diejenigen überlebten, die sich rechtzeitig und wirkungsvoll vor dem Eindringen Fremder in großer Zahl schützen konnten, dann hat dies zwangsläufig seinen Niederschlag in unserer ererbten Grundausstattung gefunden. Es ist also von einem evolutionären Grundstock auszugehen, der zwar kulturell überformt und damit verstärkt oder abgeschwächt werden kann, den man aber mit noch so viel Verteuflung dieser Ur-Angst nicht wegreden kann.

These 18: Die Bedrohung geht nur von einer verschwindend kleinen Minderheit aus

Bei der Bedrohungslage, die von Fremden ausgeht und der wir uns heute gegenüber sehen, wird immer sehr deutlich darauf hingewiesen, dass diese nur von einer sehr kleinen Minderheit von Extremisten verursacht werde und dass die große Mehrheit der Fremden friedliebend und sogar eine Bereicherung für uns seien. Die weitaus meisten Fremden (Migranten in unserer Ge-

40

sellschaft) sind tatsächlich friedliebend und stellen keineswegs eine Gefahr dar. Dennoch gibt dieses Bild nicht die vollständige Situation wieder, denn Hand aufs Herz: Wem wird nicht etwas mulmig, wenn ihm nachts eine Gruppe türkischer oder arabischer Jugendlicher auf schlecht beleuchteter Straße entgegenkommt? Wäre es eine Gruppe (bio-)deutscher Jugendlicher, könnte man sich auch unwohl fühlen, aber es wäre doch irgendwie anders. Warum ist das so? Weil wir den fremden Jugendlichen unbewusst eine größere Brutalität zutrauen und, noch bedrohlicher, weil wir ahnen, dass diese noch in Strukturen verankert sind, in denen der Zusammenhalt sehr viel stärker (und verlässlicher) ist als in unserem eigenen Umfeld. Das kann zur Folge haben, dass, wer sich mit einem anlegt, gleich die ganze Familiensippe am Hals hat, die man nicht so einfach wieder los wird. Beides mögen Vorurteile sein, welche den vielen anständigen ausländischen Jugendlichen Unrecht tun, aber es gibt eben immer wieder auch Beispiele, in denen solche Clanstrukturen bestätigt werden. Der Islamwissenschaftler und ehemalige Sozialarbeiter in Berlin, Dr. Ralph Ghadban, schildert dies sehr anschaulich – und äußerst beunruhigend:

> *»Ihre Machenschaften reichen bis zu ihren Kindern: Wenn Jugendliche mit bestimmten Nachnamen in der Schule aufkreuzen, dann geben die anderen Kinder freiwillig ihre Handys oder ihr Pausenbrot ab. Sie wissen, wenn sie sich mit diesen Jugendlichen anlegen, taucht plötzlich eine ganze Sippe auf.«*[50]

Von diesen Beispielen hat fast jeder schon einmal gehört, und manch einer hat sie sogar selbst erlebt. Genau deshalb wird die nächtliche Begegnung mit ausländischen Jugendlichen von vielen als bedrohlicher wahrgenommen als die mit (bio-)deutschen. Oder betrachten wir die albanischen und arabischen Großfamilien, die das organisierte Verbrechen in manchen deutschen Städten unangefochten dominieren.[51] Selbst hartgesottene Gutmenschen trauen denen nicht über den Weg.

Und schließlich zeigen die Ereignisse in der Silvesternacht 2015 in zahlreichen deutschen Städten, bei denen große Gruppen von ausländischen jungen Männern Passanten einkesselten, beraubten und einige Frauen zum Teil massiv sexuell belästigten (sogar einige Vergewaltigungen sollen vorgekommen sein), dass eine Bedrohung nicht nur von Extremisten, sondern auch von ansonsten scheinbar Fremden ausgehen kann.

Die Attentate der Extremisten in New York, in London, in Madrid, in Paris, in Brüssel, in Tunis und zuletzt auch in Berlin und Manchester, mit tausenden von Toten, sowie zahlreiche verhinderte Attentate, von denen die Öffentlichkeit nie etwas mitbekommt, sind keine Ausnahme, sondern stellen eher die Spitze des Eisberges im Bedrohungsspektrum dar. Und anders als etwa die Linksextremisten der Roten Armeefraktion (RAF) haben diese in erster Linie ganz normale Bürger im Fadenkreuz, sogar mit dem erklärten Ziel, so viele Menschen wie möglich zu töten.

These 19: Die Angst vor Fremden wird bewusst geschürt

In der Diskussion darüber, ob die Angst vor Fremden begründet sei oder nicht, wird immer wieder behauptet, diese werde von bestimmten Interessengruppen nur bewusst geschürt, um die Menschen zu verunsichern und gegen die Migranten aufzubringen. Teilweise stimmt das. Möglicherweise haben sich bei dem einen oder anderen Leser allein bei der bloßen Schilderung eines Szenarios, bei dem uns nachts auf unbeleuchteter Straße eine Gruppe ausländischer junger Männer entgegenkommt, bereits die Haare gesträubt. Und er hat, in bester Entrüstungspose, derartige Vorurteile weit von sich gewiesen, denn es würde überhaupt keinen Unterschied machen, wie die Männer aussehen, die einem entgegenkommen.

Was sagt die Wissenschaft?

Wissenschaftlich ist so eine selbstgefällige Eigenbewertung, bei allem Wohlwollen, kaum zu halten, denn Untersuchungen des sogenannten „shooter bias", also der „Befangenheit des Schützen", in den USA und inzwischen auch in Deutschland haben gezeigt, dass die Hautfarbe eines potenziellen Täters eine sehr große Auswirkung auf die Reaktion von Probanden hatte – und zwar unabhängig davon, ob diese bewusst Vorurteile zeigten oder nicht!

> *»Es hat nichts damit zu tun, ob wir positive oder negative Einstellungen gegenüber bestimmten Gruppen haben, sondern es geht tatsächlich eher um die Frage, wie sehr haben wir die Verknüpfung zum Beispiel zwischen Arabisch und Bedrohlich gelernt«.*[52]

Diese Verbindung gehe meist nicht auf persönliche Erfahrungen mit aggressiven Migranten zurück. Entscheidend sei eher das gesellschaftliche Klima, also welches Bild dieser Gruppen am Stammtisch und in den Medien zum Tragen komme, so die Schlussfolgerung des Berichterstatters.[53] Ob dies eine korrekte Schlussfolgerung ist und man das unschöne Verhalten mal wieder einfach den vorurteilsbehafteten Stammtischen anlasten kann, erscheint jedoch etwas leichtfertig. Denn warum reagieren dann auch diejenigen, die sich selbst explizit nicht den ominösen Stammtischen zuordnen, genauso? Wer diese in fast allen Menschen steckenden Vorbehalte dennoch nicht wahrhaben will, glaubt vielleicht Professor Martin Korte, Hirnforscher an der Universität Braunschweig:

> *»Man sieht auch bei Menschen, die sich für völlig vorurteilsfrei halten, wenn ihnen Menschen mit dunkler Hautfarbe entgegenkommen, springt die Amygdala[F] viel, viel stärker an, als das bei entweder weißen oder asiatisch aussehenden Menschen der Fall wäre. Interessanterweise sogar auch bei dunkelhäutigen Menschen, die befragt wurden. Also man sieht, dass selbst gegenüber der eigenen Bevölkerungsgruppe Vorurteile hier bestehen können.«*[54]

[F]   Die Amygdala gehört zum entwicklungsphysiologisch älteren Teil des Gehirns, in dem u. a. Aggression, Angst und Wut verarbeitet werden.

Polizisten sollen nun entsprechend trainiert werden, damit sie lernen, ihre diesbezüglichen Stereotype zu kontrollieren. Allerdings machen sich die Forscher keine zu großen Illusionen über die Wirksamkeit des Trainings, denn die Untersuchungen zeigen eben auch, dass diese Vorbehalte das Verhalten ziemlich dominant bestimmen, sobald man unter Stress steht, selbst dann, wenn sie den eigenen Überzeugungen zuwiderlaufen.[55]

Diese Ergebnisse sowie die beschriebenen Terror- und Gewaltereignisse widerlegen in jedem Falle die These, dass die Angst vor Fremden (und fremd Aussehenden) ausschließlich auf die Agitation bestimmter, die Zuwanderung ablehnender Gruppen zurückzuführen sei. Die Ur-Angst vor Fremden war im Verlauf der Menschheitsgeschichte vielmehr überlebensnotwendig und ist auch heute noch durchaus begründet, wenn man berücksichtigt, dass auch bei uns zahlreiche Bedrohungsszenarien nun einmal nicht aus der eigenen Gemeinschaft erwachsen sind, sondern von Zuwanderern herrühren. Die sind zwar zum Teil sogar bei uns geboren und aufgewachsen, werden aber von sich selbst und anderen eben doch als Fremde wahrgenommen.

These 20: Man darf nicht ablehnen, was man gar nicht kennt

Das ist falsch. Ängste und Befürchtungen müssen nicht persönlich selbst erfahren worden sein, um sie zu empfinden. Wer von uns hat den Klimawandel am eigenen Leib tatsächlich erlebt? Es gab ein paar sogenannte Jahrhundertfluten mit relativ großen Schäden, aber derartige Ereignisse gab es zu allen Zeiten und die wenigsten Deutschen waren direkt betroffen. Was ist das jetzt mit dem Klimawandel? Ist das auch nur eine große Panikmache, weil die wenigsten überhaupt Kontakt mit Naturereignissen hatten, die möglicherweise als dessen Vorboten zu bezeichnen wären? Dann brauchen wir doch auch nichts dagegen zu unternehmen.

Oder wer ist schon einmal Opfer eines extremistischen Anschlages geworden? Dürfen sich nur diejenigen, die selbst einen

Bombenanschlag überlebt haben, davor fürchten, während alle anderen einer absurden, unbegründeten Angst aufgesessen sind? Die Psychiaterin Laura Ferrando hat in dem Zusammenhang sehr aufschlussreiche Erkenntnisse über die Wirkung von Terroranschlägen bei völlig unbeteiligten Personen gewonnen. Nachdem sie bereits an einem Forschungsprojekt über die psychologischen Folgen der Anschläge vom 11. September 2001 in New York teilgenommen hatte, koordinierte sie eine der bislang umfangreichsten repräsentativen Studien dieser Art nach den Anschlägen auf vier S-Bahnen in Madrid am 11. März 2004. Dabei wurden 500 Menschen über zwei Jahre begleitet und es konnte nachgewiesen werden, dass offensichtlich durch Ereignisse wie einen Terroranschlag auch bei völlig Unbeteiligten psychische Krankheiten ausgelöst werden können:

> *»Dafür reicht einfach der Eindruck, den eine solche Tat auf uns macht. Und, dass das etwas ist, womit wir nicht rechnen. Niemand nimmt doch an: 'Heute gibt es einen Anschlag'. Diese Unvorhersehbarkeit bewirkt ein Gefühl extremer Unsicherheit und Angst. Das führt zu Traumata.«*[56]

These 21: Um Fremdenangst und Vorurteile abzubauen, ist es erforderlich, dass die Menschen sich kennenlernen

Inzwischen gibt es viele Umfragen und statistische Erhebungen zum Thema Ausländerfeindlichkeit und fast alle zeigen: Da, wo gar keine Ausländer sind, ist deren Ablehnung am größten, während in den Ballungszentren das Miteinander passabel bis gut zu klappen scheint. Daraus wird dann die Schlussfolgerung gezogen, Menschen sollten sich erst mal kennen lernen, dann würden sie sich auch besser verstehen und vor allem gegenseitig akzeptieren lernen, dann könnte die Ignoranz als Grundlage allen Übels endlich überwunden werden.

Exemplarisch wird dabei oft die stärkere Ablehnung in den östlichen Landstrichen Deutschlands genannt. Weil dort nur wenige

Migranten leben, hätten die Bürger kaum Gelegenheit Menschen mit Migrationshintergrund kennenzulernen. Wer aber die Fremden kennenlernt, für den seien sie keine Fremden mehr. Der brauche auch keine Angst mehr vor ihnen zu haben.

Das ist aber ein zu einfacher Rückschluss, denn die stärkere Ablehnung von Fremden hat zum einen wirtschaftliche Ursachen. Da, wo keine Ausländer sind, ist auch wirtschaftlich nicht viel los. Die Menschen haben weniger Arbeit und auch weniger Aussicht auf Beschäftigung. Das schieben viele auf die Zuwanderer, welche ihnen die Jobs wegnähmen. Bei aller Plattheit dieser Folgerung ist sie nicht vollkommen aus der Luft gegriffen. Von Millionen von Arbeitnehmern mit Migrationshintergrund hat sicher auch eine beträchtliche Zahl Arbeitsplätze, welche von zu kurz gekommenen Einheimischen ausgefüllt werden könnten.

Zum anderen gilt: Obwohl in den östlichen Bundesländern nur relativ wenige Migranten leben, so registriert man dort sehr wohl, wie sich die Situation in zahlreichen westdeutschen Städten darstellt, besonders in den Problemvierteln mit hohen Migrantenanteilen. Die vielfach beschriebenen und keineswegs befriedigend gelösten Probleme mit den sozialen Verwerfungen, mit der Integration breiter Zuwanderergruppen bis hin zum organisierten Verbrechen der Familienclans und religiös motivierten Extremismus werden natürlich auch dort gesehen, wo keine Migranten wohnen. Frei nach Margot Käsmann könnte man daher sagen: „Nichts ist gut in Multikultistan". Solche Verhältnisse kann man daher ablehnen, auch ohne selbst signifikant viele Migranten um sich herum zu haben.

These 22: Die Menschen müssen besser aufgeklärt werden

Täglich laufen in Funk und Fernsehen politisch korrekte Beispiele für gelungene Integration. Überall tauchen Menschen mit Migrationshintergrund in der öffentlichen Darstellung auf, die zeigen sollen, wie normal das ist, wie erfolgreich und wie bereichernd sie für alle sein müssten. In den Schulen, in der Werbung, in jeder Sonntagsrede wird die Öffentlichkeit geradezu überschüttet mit der schönen, heilen Welt der kulturellen Vielfalt. Das Mantra der Bereicherung und der Willkommenskultur wird permanent und überall gebetsmühlenartig heruntergeleiert. Die öffentliche Ächtung bei jedem noch so kleinen Fehltritt in Bezug auf die Beschreibung des gleichberechtigten Miteinanders der bunten Teilgesellschaften ist dagegen total und allumfassend.

Was soll also noch aufgeklärt werden? Sollen die Schulkinder jeden Morgen vor dem Unterricht statt die Nationalhymne zu singen (wie in anderen Ländern üblich), ein multikulturelles Glaubensbekenntnis aufsagen? Selbst eine »Sprachpolizei« (Martin Walser) haben wir, die zwar nicht offiziell legitimiert, aber trotzdem rigoros und unerbittlich über den politisch korrekten Gebrauch von Worten und Begriffen wacht. Der Maulkorb ist so effizient, dass man manchmal schon gar nicht mehr weiß, was man denn nun noch sagen darf und was nicht. Ja, aber hinter vorgehaltener Hand, da kann man immer noch Sprüche hören, die einem die Haare zu Berge stehen lassen. Auch das stimmt. Um das zu unterbinden, müssten dann wohl Aufpasser in die Privatleben hinein schnüffeln und wer sich beim Sprücheklopfen erwischen lässt, muss 100 Mal schreiben „Ich liebe alle Ausländer!"

Vom Kindergarten an wird das Miteinander wie selbstverständlich geübt. Trotzdem haben wir nach wie vor genau die Probleme, die wir haben und die oben bereits beschrieben wurden.[57] Sie werden sogar größer, weil weder wir noch andere Staaten es schaffen, ihren vielen Zuwanderern dauerhaft ausreichende Perspektiven zu bieten und die jungen Migranten zunehmend unzufriedener werden.

These 23: Wir müssen mit den Menschen offen diskutieren

Manchmal soll sogar eine »offene Diskussion« geführt werden. Eine wirklich offene Diskussion würde aber auch einen offenen Ausgang erlauben, also auch die Möglichkeit beinhalten, das von relativ wenigen gefeierte Multikulti-Projekt wieder zurückzufahren. Stattdessen soll zwar diskutiert werden, am Ende muss aber das gewünschte Ziel stehen: Die bedingungslose Akzeptanz von Multikulti. Das ist jedoch keineswegs eine *»offene Diskussion«*, sondern vielmehr ein Diktat, eine oberlehrerhafte Ermahnung der einfältigen Schüler, die nicht in der Lage sind, selbst zur rechten (im Sinne von korrekten) Einsicht zu gelangen.

Die offenbar flächendeckend empfundene Stumpfsinnigkeit der Stammtische soll aber aufgebrochen werden. Daher werden weitere Parolen ausgegeben: *»Wir müssen den Menschen zeigen, dass Zuwanderung eine Bereicherung bedeutet.«* *»Wir müssen eine Willkommenskultur schaffen.«* *»Wir müssen die Menschen mitnehmen.«* Wohin eigentlich? Was ist, wenn die Menschen dahin gar nicht mit wollen? Nicht jede Oma, die am Straßenrand steht, will von übereifrigen Pfadfindern auf die andere Seite gezerrt werden. Oder: *»Wir müssen die Ängste der Menschen ernst nehmen«* Angesichts der zugegebenen Fehler und rosaroten Fehleinschätzungen während der Hochphase des Helferhypes 2015 wird auch gerne postuliert: *»Wir müssen uns ehrlich machen!«*

All diese Phrasen werden gern gedroschen, jedoch nie mit Inhalt gefüllt oder gar ernsthaft diskutiert. Denn eine ernsthafte Diskussion müsste auch erlauben, die politisch korrekten Vorstellungen zur Migration und Einwanderung zu hinterfragen. Das wird aber nicht erlaubt, denn sie gehören zur einzig gültigen Wahrheit. Und wer sich dagegen noch sträubt, dem muss nur zur besseren Einsicht verholfen werden: am besten mit Bildung.

These 24: Wir brauchen mehr Bildung

An die Bildung der Menschen werden die größten Hoffnungen geknüpft. Sie soll nicht nur unser auf fortwährendes Wachstum angewiesenes Wirtschaftssystem und unseren extrem hohen Lebensstandard erhalten, sondern auch die zunehmenden sozialen Unterschiede beseitigen und selbstverständlich die immer stärker zutage tretenden Probleme der multikulturellen Gesellschaft lösen. Die Erwartungen an diese „eierlegende Wollmilchsau" sind jedoch weit überzogen.

Es wird kaum möglich sein, allen Mitgliedern einer Gesellschaft durch die Bank eine so hohe Bildung zu verpassen, dass sich die gewünschten Effekte in Bezug auf das zwischenmenschliche Verhalten überhaupt einstellen, denn das Vorhaben stößt nicht nur an intellektuelle, sondern auch an technisch-wirtschaftliche Grenzen. Und wenn das ähnlich unzureichend klappt wie die bisherigen Bemühungen, sollen dann Millionen in Umerziehungslager gesteckt werden, um eine drohende Radikalisierung ganzer Gesellschaftsgruppen zu verhindern? Aber selbst, wenn noch mehr der gewünschten Bildung tatsächlich ihre Empfänger finden würde, böte dies keine Garantie dafür, den Menschen ein für allemal edel, hilfreich und gut zu machen. Deutlicher formuliert: Bildung schützt nicht vor Irrwegen oder vor verbrecherischem Handeln.

Die gebetsmühlenartig vorgetragene Forderung nach mehr Bildung kann nämlich nicht darüber hinwegtäuschen, dass Bildung tatsächlich nur eine untergeordnete Rolle bei der Frage spielt, ob Menschen sich radikalisieren und gewalttätig auseinandersetzen oder nicht. Allenfalls hat sie eine indirekte Wirkung, indem sie den gebildeten Menschen in der Regel bessere Erwerbschancen verleiht. Und wer etwas zu verlieren hat, neigt weniger zu riskanten Entscheidungen mit ungewissem Ausgang, wie es eine radikalisierte Auseinandersetzung nun einmal immer ist. Allerdings verliert dieser „Bildungseffekt" seine Wirkung oft sehr schnell, sobald der erworbene Lebensstandard durch wirtschaftliche Verwerfungen bedroht wird oder sogar wieder verloren geht.

Viel entscheidender für das Abgleiten in extreme Positionen sind das Empfinden von Frustration, Demütigung und Ohnmacht, sowie einer Bedrohung,[G] welche unmittelbare Auswirkungen auf

---

[G] Dabei ist es relativ egal, ob diese Bedrohung objektiv vorhanden ist, oder lediglich empfunden wird. Die Annahme, Bildung würde dazu befähigen, eine klare Unterscheidung zwischen realer und fiktiver Bedro-

jeden einzelnen, aber auch auf die gesamte Identifikationsgruppe hat. Trifft auf diese Gemütsverfassung ein passendes Heilsversprechen, so ist der Weg zum Extremen geebnet – weitgehend unabhängig vom Bildungsstand der betreffenden Personen. Ein Beispiel:

In der Zeit nach dem Ersten Weltkrieg herrschte in allen Bevölkerungsschichten Deutschlands eine starke Frustration aufgrund der Niederlage, man fühlte sich ohnmächtig und gedemütigt durch den Versailler Vertrag. Die Weltwirtschaftskrise, die Deutschland noch stärker traf als alle anderen Länder, setzte jeden Einzelnen, aber auch die „Volksgemeinschaft" als Ganze, einer konkreten (wirtschaftlichen) Bedrohung aus. In diese Stimmung lieferte Hitler ein hervorragend funktionierendes Heilsversprechen, gepaart mit einer einfachen Erklärung dafür, wer Schuld an der ganzen Misere trug. Verbunden mit einem, besonders für Deutsche immer verführerischen Sendungsbewusstsein wurden so nicht nur die „Abgehängten" der Gesellschaft, sondern auch die Eliten und sehr viele Gebildete für die *»Bewegung«* gewonnen.

Heute können wir ähnliche Vorgänge beobachten: Ein Großteil der muslimischen Welt sieht sich als Opfer der überlegenen Westmächte, fühlt sich dadurch gedemütigt und ohnmächtig. In den westlichen Aufnahmeländern ist eine große Zahl muslimischer Migranten zudem frustriert über angebliche oder tatsächliche Diskriminierung, und die fehlenden Berufsaussichten lassen die geradezu zwangsläufige soziale Unterprivilegierung als reale (wirtschaftliche) Bedrohung angesichts des sie umgebenden Konsumrausches erscheinen. Religiöse Fanatiker liefern dann noch das erlösende Heilsversprechen mit deutlicher Adressierung der Bösen und Schuldigen und schon ist der Nährboden für die Radikalisierung vorhanden – auch bei gebildeten Muslimen,

---

hung zu treffen, ist zwar nicht ganz falsch, übersieht aber, dass es nie so eine klare Unterscheidung geben kann, denn erstens werden Bedrohungen immer subjektiv empfunden und zweitens zeigt sich meist erst im geschichtlichen Rückblick, ob sie real waren oder nicht.

wie schon die Urväter der aktuellen Terrorwellen, die Attentäter des 11. September 2001, zeigten.

Erste Ansätze dieser Entwicklung sehen wir aber auch bei einheimischen Gruppen, etwa den sogenannten „Wutbürgern". Glücklicherweise sind die Zutaten bei diesen Gruppen, egal, ob linke Anarcho-Freaks oder rechte Pegidademonstranten, noch nicht in so starkem Ausmaß vorhanden, denn zumindest eine unmittelbar spürbare (wirtschaftlich existenzielle) Bedrohung liegt bei vielen noch nicht vor. Vielmehr sind zahlreiche Anhänger gerade in der rechts-konservativen Protestszene durchaus wirtschaftlich nicht abgehängt, sondern haben noch etwas zu verlieren.

Daraus wird aber ersichtlich: Abgesehen von einer unmittelbaren Bedrohungslage für Leib und Leben ist die wirtschaftliche Perspektive des Einzelnen und seiner Identifikationsgruppe entscheidend. Individuelle Bildung ist dagegen eher nachrangig für das friedliche Gelingen des bunten Miteinanders.

Das heißt nicht, dass Bildung überflüssig wäre. Selbstverständlich ist Bildung unbedingt notwendig und es kann ihrer kaum genug geben, aber sie ist ganz sicher kein Allheilmittel. Die übergroßen Hoffnungen, die in die „Wunderwaffen" Kennenlernen, Erklären und Bildung gesetzt werden, sind daher weit überzogen und können sehr schnell und umfassend zerschlagen werden – ebenso wie die verzweifelte Hoffnung auf „Wunderwaffen" anderer Art schon einmal bitter enttäuscht wurde. Angesichts der hochbrisanten Situation, die mit dem bunten Durcheinander der multikulturellen Utopie geschaffen wird, stellt Bildung eher das Pfeifen im Walde dar als ein sicheres Werkzeug, um Schlimmeres zu verhindern.

These 25: Soziale Verwerfungen sind bedrohlicher für die Gesellschaft, als ethnische Unterschiede

Ob uns erneut eine Enttäuschung aus übertriebenen Hoffnungen blüht oder nicht, wird deutlich, wenn man den Blick von unserer (noch) geordneten Wohlstandsgesellschaft abwendet und extremere Situationen betrachtet, welche sehr viel mehr aussagen über den Wert und die Bedeutung von „Wunderwaffen" dieser Art. Denn sobald die wirtschaftspolitischen Rahmenbedingungen wieder einmal auf „Sturm" stehen und die Funktionsfähigkeit der rechtsstaatlichen Mechanismen in Frage gestellt wird, brechen sich die Ur-Ängste erneut Bahn – Bildung hin, Bildung her.

In solchen Situationen treten tiefgreifende soziale Auseinandersetzungen, die zunächst mit ethnischen Gruppen nichts zu tun haben müssen, fast immer auch an ethnischen Grenzen auf, sofern diese in einer Gesellschaft vorhanden sind – in vielen Fällen sogar zuallererst und ausschließlich dort. Ethnische Grenzen innerhalb einer Gesellschaft führen oft sehr viel schneller zu Konflikten, als wenn es innerhalb einer ethnisch homogenen Gesellschaft nur soziale Unterschiede und Differenzen gäbe.[58] Eine Ursache dafür ist, dass sich die meisten Menschen in schwierigen Situationen lieber auf andere verlassen, die sie kennen, als auf solche, die ihnen unbekannt sind. Und die „eigenen" Leute kennt man in der Regel nun einmal besser als Fremde. Das führt bei gesellschaftlichen Auseinandersetzungen fast zwangsläufig zu einer Bruchlinie entlang der ethnischen Gruppierungen.

Diese Grundmuster des menschlichen Verhaltens in Extremsituationen durch Kennenlernen, Erklärungen und Bildung innerhalb eines Wimpernschlages der Geschichte auflösen zu wollen, gleicht einem Versuch, der schon häufiger in der Vergangenheit unternommen wurde, nämlich dem, den besseren Menschen zu schaffen. So hatte die Katholische Kirche einmal den Anspruch, dass möglichst alle Menschen bessere Christenmenschen sein sollten. Die Kommunisten versuchten den besseren Menschen in ihrem Sinne zu formen. Selbst die Nazis wollten den besseren Menschen, in ihrem Falle den nordischen Arier. Alle gingen mit dem Impetus der einzigen, nicht kritisierbaren Wahrheit vor und alle scheiterten in kaum vorstellbarem Grauen und in Strömen von Blut.

Minderheiten sind in Krisensituationen am meisten gefährdet. Man kann das bedauern und sogar ganz abscheulich finden, aber dieses Grundmuster zieht sich blutig durch die gesamte Menschheitsgeschichte hindurch. Die harte aber richtige Folgerung lautet daher: Vermeidung von kulturellen Minderheiten innerhalb einer Gesellschaft und so zügig wie möglich eine vollständige Assimilation der Zuwanderer anstreben.

Bisweilen taucht auch die Vorstellung auf, man müsse stattdessen die Minderheiten nur so groß werden lassen, dass sie sich ggf. wirkungsvoll gegen die Mehrheit wehren könnten. Dieser Vorschlag ist aber auch ein Trugschluss, denn er bietet keine Gewähr gegen Ausschreitungen, sondern er birgt im Gegenteil sogar die Gefahr von noch mehr Exzessen und Blutvergießen, weil die gegnerischen Parteien sich dann noch sehr viel länger ebenbürtig bekämpfen, wie wir an den Beispielen des jugoslawischen oder des syrischen Bürgerkrieges besonders deutlich und grausam erkennen können.

Was wir stattdessen also auf alle Fälle unterlassen müssen, ist die Schaffung bzw. die Verstärkung von Möglichkeiten zu Exzessen. Die multikulturelle Gesellschaft aber, so schön und erstrebenswert sie in ihrer Buntheit für manche Zeitgenossen auch sein mag, ist geradezu ein Nährboden und Brandbeschleuniger für zukünftige Ausbrüche. Ein blindes Festhalten daran – entgegen aller Erfahrungen aus der Geschichte – stellt vor diesem Hintergrund fast eine vorsätzliche Dummheit dar.

> *»Der Mensch ist von Natur aus gut, aber schwach. Was wir ändern müssen, ist nicht seine Begierde, sondern die Gelegenheiten, ihr zu verfallen«* (Jean-Jacques Rousseau).

Kapitel D Zuwanderung

These 26: Die Zuwanderer sind eine Bereicherung für die Sozialgesellschaft

Auch die Frage, ob Zuwanderung eine Bereicherung der Gesellschaft darstellt oder nicht, muss etwas genauer unter die Lupe genommen werden. Bei den Auswirkungen auf die Aufnahmegesellschaften, welche durch Migration ausgelöst werden, ist zunächst zwischen sozialen und ökonomischen Folgen zu unterscheiden. Der englische Wissenschaftler Paul Collier schlüsselt beide Bereiche in seinem Buch „Exodus - Warum wir Einwanderung neu regeln müssen" detailliert auf. Collier stellt darin fest, dass der subjektiv empfundenen Bereicherung durch die Zuwanderung auf sozialer Ebene mehrere Faktoren entgegenstehen:

- Zuwanderer mit deutlich abweichender Sozialisation bergen immer eine relativ große Gefahr, die Regeln der Aufnahmegesellschaft zu untergraben, da sie in ihren Herkunftsländern häufig dysfunktionale Sozialmodelle erlernt haben, die sie natürlich auch mit in die neue Heimat bringen.

- Werden bei hoher Zuwanderung die Auslandsgemeinden sehr groß, so behindert dies die Integration der vorhandenen, aber auch weiterer, hinzukommender Migranten stark. Damit wird das mögliche Konfliktpotenzial nicht abgebaut, sondern beibehalten und durch die verstärkte Abschottung der anwachsenden Migrantengruppen eher sogar noch weiter aufgebaut.

- Auch Zuwanderer mit starker Traumatisierung stellen eine erhöhte Gefährdung der öffentlichen Sicherheit und Ordnung dar, wenn sie nicht ausreichend therapiert werden können.

- Das Vertrauen zwischen Alteingesessenen und Migranten ist durch ihre gegenseitige Fremdheit schwer herzustellen.

- Das Vertrauen innerhalb der Aufnahmebevölkerung wird geschwächt.

- Eine ganz entscheidende Voraussetzung ist die ausreichende Einbindung der Migranten in den wirtschaftlichen Prozess, damit sie ein erträgliches Auskommen haben und sich aufgrund von enttäuschten Hoffnungen nicht von den Grundsätzen der Aufnahmegesellschaft abwenden. Dies ist aber in keinem europäischen Land mit nennenswerter Zuwanderung während der letzten Jahrzehnte in hinreichendem Maße gelungen – und es spricht trotz der medialen Schönfärberei im Zuge der Flüchtlingskrise 2015/16 nichts dafür, dass es in Zukunft deutlich besser gelingen könnte.

Die Bereicherung auf sozialem Gebiet ist also außerordentlich fraglich. Bleiben aber noch die Vorteile, welche wir in ökonomischer Hinsicht aus der Zuwanderung ziehen können.

These 27: Die Zuwanderer sind eine ökonomische Bereicherung

Der Migrationsforscher Professor Randall Hansen wertet als Direktor des „Centre for European, Russian and Eurasian Studies" der University of Toronto seit Jahren zahlreiche Untersuchungen zur Migration und ihren Folgen aus den USA, Kanada und Australien aus. Man kann also davon ausgehen, dass er einen recht guten Überblick über die Erfahrungen hat, welche diese sogenannten „klassischen Einwanderungsländer" gemacht haben. Hansen nennt die alles entscheidende Voraussetzung für ökonomisch gelungene Migration:

»Einwanderungspolitik und Einwanderung funktionieren, wenn Einwanderer arbeiten.«[59]

Aber Hansen nennt auch einige Bedingungen zum Erreichen des Ziels der unbedingt erforderlichen Beschäftigung von Zuwanderern:

- Wenn die Migranten Qualifikationen mitbringen, die in den Aufnahmegesellschaften wenig vorhanden sind, aber gebraucht werden, dann erzeugt dies wachsenden Wohlstand.

- Verfügen sie dagegen über Fähigkeiten, die schon vielfach vorhanden sind oder nicht gebraucht werden, sinken die Löhne in den unteren Lohngruppen und einheimische Arbeitnehmer werden aus dem Markt gedrängt.

- Auch wenig qualifizierte Einwanderer können die Aufnahmegesellschaft bereichern, indem sich die Mittelschicht Dienstleistungen in Anspruch nehmen kann, die ohne diese billigen Arbeitskräfte nicht so günstig verfügbar wären (zum Beispiel billige Reinigungskräfte, Lieferanten und Kindermädchen). Dadurch steigt die Lebensqualität dieser mittleren Bevölkerungsschicht. Allerdings funktioniert das nur, wenn diese ungebildeten Einwanderer tatsächlich arbeiten. Gelingt dies nicht, so führt es direkt in die Sozialhilfe. Um das zu verhindern, dürfen staatliche Sozialleistungen nicht zu üppig ausfallen.

- Je großzügiger das Sozialsystem eines Aufnahmelandes, desto geringer ist die Wahrscheinlichkeit, dass die wenig und nicht qualifizierten Einwanderer in Arbeit kommen.

- Die Landesgrenzen müssen kontrolliert werden, sonst geht die Akzeptanz in der Bevölkerung sehr schnell verloren.

- Migration muss kontrolliert, d. h. gesteuert, und wenn nötig begrenzt werden. Hansen hält für Deutschland eine Größenordnung von ca. 240.000 Zuwanderern pro Jahr für sinnvoll.[60]

Insgesamt könne mit den beschriebenen Bedingungen beispielsweise für die USA von einem wirtschaftlichen Überschuss von ca. acht Milliarden US-Dollar pro Jahr ausgegangen werden. Der Betrag von acht Milliarden US-Dollar ist für einen Einzelnen natürlich eine riesige Summe, aber für einen Haushalt von der Größenordnung der US-Wirtschaft ist er vernachlässigbar. Dementsprechend bezeichnet Prof. Hansen den gesamten wirtschaftlichen Effekt, der durch Migration zu erzielen ist, folgendermaßen: *»Benefits of immigration are real but they are very small«* (zu Deutsch: *»Vorteile der Einwanderung sind real, aber sie sind sehr klein«*).[61]

Vergleicht man die Bedingungen, die Hansen für eine gelungene Einwanderung nennt, mit der deutschen Wirklichkeit, dann stößt man auf eine sehr stark abweichende Realität:

- Eine große Zahl von Migranten in Deutschland verfügt über keine hohe Qualifikation.

- Weniger qualifizierte Einwanderer konkurrieren mit Einheimischen und verdrängen diese teilweise aus dem Markt (etwa Gemüsehändler, Friseure, Gastronomie usw.).

- Die Sozialleistungen sind in Deutschland sehr hoch, sowohl im Vergleich zu den meisten europäischen Nachbarländern als auch und vor allem im Vergleich zu den Einkommensmöglichkeiten in den Herkunftsländern der Migranten. Dies untergräbt die Basis für eine umfangreiche Beschäftigung von gering oder gar nicht qualifizierten Einwanderern.

- Deutschland ist derzeit nicht in der Lage, seine Landesgrenzen selbst zu kontrollieren, sondern muss auf die gnädige Unterstützung der Balkanstaaten und so moralisch einwandfreier Partner wie dem türkischen Präsidenten Recep Tayyip Erdoğan hoffen, damit diese uns die Flüchtlinge vom Hals halten. Dem zufolge bröckelt angesichts außerordentlich hoher Zuwandererzahlen die Zustimmung in der Bevölkerung.

Wenn also die wirtschaftlichen Auswirkungen durch Migration auf dem Arbeitsmarkt in den USA schon nicht besonders groß sind, ist damit zu rechnen, dass sie in Deutschland nicht einmal diese geringe positive Größe erreichen, weil wir anders als die USA oder Kanada sehr viel schlechtere Ausgangsbedingungen für die Eingliederung von sehr vielen Zuwanderern in unser Wirtschafts- und Gesellschaftssystem aufweisen.

In der Mathematik unterscheidet man zwischen notwendigen und hinreichenden Bedingungen für eine Beweisführung. Die Migranten in Arbeit zu bringen ist demnach nur eine notwendige Bedingung für eine gelungene Integration, allerdings noch keine hinreichende. Aber selbst diese notwendige Voraussetzung wird in der bisherigen Migrationshistorie seit Jahrzehnten nicht ausreichend erfüllt. Und die Zukunft verspricht – trotz der allgegenwärtigen Beteuerungen, wir dürften nicht noch einmal dieselben Fehler machen – keine Besserung, wie exemplarisch der Artikel „Firmen wollen Flüchtlinge – als Hilfsarbeiter" in der WELT verdeutlicht.[62] Dessen ungeachtet wird von den bekannten Interessengruppen in Deutschland immer noch die Behauptung ins Land gestreut, Zuwanderung führe zu einem bedeutenden wirtschaftlichen Gewinn und sei geradezu die Basis für unseren zukünftigen Wohlstand.[63]

Das ist schlicht und ergreifend falsch!

These 28: Die Zuwanderer sind eine kulturelle Bereicherung

Neben den sozialen und ökonomischen Folgen der Zuwanderung kann auch die kulturelle Vielfalt als Bereicherung gesehen werden. Denn die Zuwanderung sorgt zweifelsfrei für ein bunteres Straßenbild. Auch das kulinarische Angebot hat sich über die letzten 40, 50 Jahre beträchtlich erweitert, ebenso wie das gesamte kulturelle Angebot breiter und umfangreicher geworden ist.

Allerdings: Wer nutzt diese größere kulturelle Vielfalt eigentlich? Abgesehen vom Döner, den sich jeder an der Straßenecke holt, profitieren in der Hauptsache wieder die intellektuellen Eliten, welche die sozialen und ökonomischen Folgen der massenhaften Zuwanderung nicht oder nur in geringem Maße tragen müssen. Die unteren Schichten, in deren Wohngebieten sich auch die Migranten sammeln, könnten sich zwar theoretisch auch stärker in die multikulturell inspirierte Kulturszene stürzen, aber sofern sie denn überhaupt Interesse daran haben, fehlt ihnen oft genug der finanzielle Spielraum.

Jedoch auch die kulturelle Bereicherung der Eliten bleibt oft genug oberflächlich. Das gestiegene exotische Angebot wird zwar gern konsumiert, aber eine weitere Auseinandersetzung damit wird nicht wirklich in Erwägung gezogen. Oder wer hat sich schon einmal in persische Literatur vertieft, arabische Gedichte gelesen, intensiv der indischen Filmkultur gefrönt oder gar an einem afrikanischen Initiationsritus für junge Männer teilgenommen?

Die kulturelle Bereicherung ist objektiv noch weniger zu fassen als die soziale und die ökonomische, sondern entspringt vor allem der subjektiven Wahrnehmung des Betrachters. Sie als gegeben und für alle gleichermaßen gültig auszugeben, stellt mindestens eine sehr einseitige Betrachtung dar.

These 29: Migranten sind keine Schmarotzer

Die Menschen, die zu uns kommen, aus welchen Gründen auch immer, haben im Grundsatz wahrscheinlich genau die gleichen Wünsche, Hoffnungen, Befürchtungen oder Ängste wie die schon seit Jahrhunderten hier verwurzelten. Auch ihre Motive, den beschwerlichen und oft gefährlichen Weg überhaupt auf sich zu nehmen, unterscheiden sich nicht von dem, was Einheimische in vergleichbarer Situation wahrscheinlich zu ähnlichem Handeln veranlassen würde. Nicht zuletzt wollen die allermeisten in Ruhe und Frieden leben können - genauso wie die Mehrheit der Alteingesessenen.

Unter den Zuwanderern gibt es, wie überall, sicher auch schwarze Schafe, aber der weitaus größte Teil der Migranten ist ohne Zweifel genauso gut motiviert, seinen Lebensunterhalt durch ehrliche Arbeit zu verdienen wie die Einheimischen, wenn nicht sogar noch mehr. Allein, die Möglichkeiten hierzu sind – aus vielerlei Gründen – nicht gegeben. Wenn es die Migranten also tatsächlich geschafft haben, nach Europa bzw. Deutschland zu gelangen, landen sie trotz der anfänglich hohen Motivation (und Erwartungen!) überdurchschnittlich häufig als Leistungsempfänger in den sozialen Sicherungssystemen.[64]

Das heißt aber nicht, dass die Menschen zu faul wären und sich lieber als Sozialschmarotzer durchfüttern lassen wollten. Dies zu behaupten, ist eine infame und boshafte Verleumdung der vielen anständigen Zuwanderer! Und es ist kein angemessener Beitrag zur Diskussion um Zuwanderung.

These 30: **Wir dürfen nicht die Fehler der Vergangenheit wiederholen**

Die Zuwanderer der Vergangenheit zeigen in überraschend großer Zahl, dass sie nicht oder nur wenig in unsere Gesellschaftsordnung integriert sind, sondern ein Verhalten in Bezug auf den Umgang mit Frauen, Schwulen, Lesben, Minderheiten und Andersgläubigen an den Tag legen, welches unsere jahrzehntelangen Bemühungen um Gleichberechtigung weitgehend ignoriert. Deshalb werden nun große Anstrengungen unternommen, den Menschen, die neu zu uns kommen, als erstes die Sprache zu vermitteln und sie an unsere Benimmregeln heranzuführen. Das ist aber bei weitem kein Ersatz für eine ausreichend bezahlte Beschäftigung:

> *»Wer sich selbst um Flüchtlinge kümmert, erfährt zudem, dass verpflichtende Sprachkurse gut, aber kein Tagesprogramm sind. Die Flüchtlinge sehen sich zum Nichtstun verdammt und entwickeln so mit der Zeit typische Verhaltensweisen vieler Langzeitarbeitsloser. Zudem erlernt man die Sprache, die Gepflogenheiten und auch die Werte des Gastlandes allenfalls mühsam, wenn man halbtags die Schulbank drückt, um für den Rest des Tages unter Seinesgleichen abzutauchen.«* [65]

Zudem ist es sehr fraglich, ob Menschen, die zum Teil vollkommen anders sozialisiert wurden, oft Erfahrungen von traumatischen Kriegs- und Fluchterlebnissen im Gepäck haben und erst im Erwachsenenalter zu uns kommen, überhaupt in der gewünschten und erforderlichen Weise „umerzogen" werden können. Das Beharren auf dieser Vorstellung deutet doch sehr auf die ideologisch verbrämte Schaffung des neuen, sozialistischen Menschen im real existierenden Sozialismus hin. Wie dieser Versuch ausging, ist hinlänglich bekannt.

These 31: Die zugewanderten Menschen müssen schnell in Arbeit kommen

Die zu uns kommenden Migranten sind häufig jung und männlich. Entscheidend für das Gelingen der Integration besonders dieser Personengruppe ist es, sie schnell in Arbeit zu bringen. Aber wie realistisch ist die Beschäftigung von so vielen neu hinzukommenden Menschen eigentlich?

Gerade die problematischen Zuwanderergruppen weisen im Mittel ein geringeres Bildungsniveau auf als der Durchschnitt der einheimischen Bevölkerung. Dadurch ist die Arbeitslosigkeit unter diesen Gruppen deutlich höher und es bleiben ihnen häufig eher Arbeitsplätze vorbehalten, die weniger Qualifikation erfordern. Hinzu kommen Sprachprobleme, welche diese Problematik noch verstärken. Das betrifft sowohl diejenigen, die schon lange hier sind, als auch in verstärktem Maße diejenigen, die zum Beispiel als Flüchtlinge in den letzten Jahren gekommen sind bzw. immer noch kommen.[H]

Seit Jahrzehnten ist es uns nicht gelungen, diese dramatische Beschäftigungssituation aufzubrechen. Die Erfahrung mit Migranten in der Vergangenheit beschrieb Detlef Scheele, SPD-Politiker und Vorstandsmitglied der Bundesarbeitsagentur:

> *»Wenn es gut läuft, werden im ersten Jahr nach der Einreise vielleicht zehn Prozent eine Arbeit haben, nach fünf Jahren ist es die Hälfte, nach 15 Jahren 70 Prozent.«*[66]

[H] An dieser Stelle ist es besonders wichtig zu unterscheiden, von welchen Zuwanderern gesprochen wird. EU-Zuwanderer, beispielsweise aus Frankreich, Großbritannien, Spanien, aber auch aus osteuropäischen Ländern wie der Ukraine, weisen im Mittel sogar ein höheres Bildungsniveau auf als der Durchschnitt der einheimischen Bevölkerung. Diese Gruppen zählen aber nicht zu den problematischen Personenkreisen.

Konflikte beim Zusammenleben und Zusammenwachsen gibt es dagegen verstärkt mit Armutsmigranten und Zuwanderern aus muslimischen Herkunftsländern. Dänische Parallelgesellschaften oder ukrainische Selbstmordattentäter sind jedenfalls bisher noch nicht nennenswert in Erscheinung getreten.

Trotz großer Anstrengungen und noch größeren Forderungen nach noch mehr Anstrengungen im Zuge der Helfer-Euphorie 2015 kommen wir über diese Beschäftigungsquote nicht hinaus:

> *»Nach der IAB-BAMF-SOEP-Befragung von Geflüchteten waren von den Anfang 2016 zugezogenen Geflüchteten im erwerbsfähigen Alter 6 Prozent, von den 2015 zugezogenen 10 Prozent, von den 2014 zugezogenen 22 Prozent und von den 2013 zugezogenen 31 Prozent erwerbstätig (vgl. Tabelle).«*[67]

Bei diesen Angaben sind auch Praktika und geringfügige Beschäftigung mit eingerechnet. Zieht man derart „prekäre" Arbeitsverhältnisse ab, dann sieht es noch schlechter aus:

> *»Werden dagegen Praktika und geringfügige Beschäftigung nicht einbezogen, waren von den 2016 zugezogenen Geflüchteten im erwerbsfähigen Alter 2 Prozent, von den 2015 zugezogenen 5 Prozent, von den 2014 zugezogenen 13 Prozent und von den 2013 zugezogenen 21 Prozent erwerbstätig.«*[68]

Im Klartext heißt das: Nach 5 Jahren hocken noch mindestens 50% der Zugezogenen beschäftigungslos herum und nach 15 Jahren immer noch 30 %. Allein für die gut 800.000 Flüchtlinge, die 2015 aufgrund der *»Refugee-Welcome-Plakate«* an den Bahnhöfen mit riesigen Erwartungen nach Deutschland gelockt wurden, bedeutet das, selbst 2030 haben 240.000 Menschen noch keine sinnvolle und genügend einträgliche Beschäftigung! Hinzu kommen die Zuwanderer aus den Vorjahren und in den kommenden. Macht sich niemand der Zuwanderungsprediger Gedanken darüber, welches Frustrationspotenzial sich hier aufbaut?

Stattdessen wird diese außerordentlich bedenkliche Entwicklung uminterpretiert und sogar als Erfolg verkauft: *»Arbeitsmarktforscher schätzen die Integrationschancen für Flüchtlinge als gut ein.«*[69] Auch Der SPIEGEL titelt auf seiner Internetseite:

»Integration: Jeder zweite Flüchtling hat nach fünf Jahren einen Job – Die Integration der Flüchtlinge in den Arbeitsmarkt bleibt eine große Herausforderung für die Bundesagentur für Arbeit. Einer Studie zufolge schreitet sie aber ähnlich gut voran wie in den Jahren zuvor.«[70]

These 32: Die Flüchtlinge brauchen Arbeit – aber nicht nur die

2015 war ein Jahr besonders hoher Zuwanderung nach Deutschland. Laut Statistischem Bundesamt ergab sich ein Zuwanderungssaldo (Zugezogene abzüglich Fortgezogene) von fast 1,16 Millionen Ausländern, die nach Deutschland kamen;[71] viele davon Flüchtlinge aus den Krisenregionen der Welt. Diejenigen unter den Zugezogenen, die arbeitsfähig (und willig) sind, brauchen tatsächlich eine Arbeit. Aber wie sah die Arbeitsmarktlage 2015 aus? Im Juli 2015 waren

2.772.642	Menschen in Deutschland ohne Arbeit, bei
588.677	offene Stellen.[72] Im Ausbildungsjahr 2013/2014 wurden bundesweit insgesamt
522.232	Ausbildungsverträge neu abgeschlossen, während mit
37.101	die Zahl der unbesetzten Ausbildungsplätze einen Höchststand erreichte (worüber die Industrie- und Wirtschaftsvertreter ständig klagen), denen zum 30. September 2014 noch
20.872	unversorgte Bewerberinnen und Bewerber gegenüber standen,[73] bei ca.
1.157.000	Zuwanderern in 2015[74] und
600.000	Zuwanderern in 2016[75] und möglicherweise
250.000	Zuwanderern in 2017 und
250.000	Zuwanderern in 2018 und
250.000	Zuwanderern in 2019 und
250.000	Zuwanderern in 2020 (und so weiter),

von denen die Mehrzahl eine Arbeitsstelle bekommen müssen, damit sie sich nicht zu einem unbeherrschbaren Potenzial für weitere Radikalisierung entwickeln.

Spätestens bei diesen Zahlen muss einem doch schwindlig werden. Noch einmal zum Mitschreiben: Wir brauchen jährlich hunderttausende neuer Beschäftigungsmöglichkeiten für die Migranten, haben derzeit aber schon 2,5 bis 3 Millionen Arbeitslose, die Wirtschaft konnte 2015 bei brummender Konjunktur gut eine halbe Million offener Arbeitsstellen und gerade einmal 37.000 unbesetzte Lehrstellen bereitstellen. Bis heute (Herbst 2017) haben sich die Zahlen noch ein wenig verbessert, aber nicht entscheidend.

Manche Fachleute gehen von fast einer Million unbesetzter Arbeitsstellen aus, wenn zum Beispiel nicht bei der Arbeitsagentur gemeldete Angebote berücksichtigt werden. Auch gut. Allerdings einmalig! Das heißt, die halbe bis eine Million offener Stellen werden nicht jedes Jahr neu erzeugt, sondern haben sich gewissermaßen über die Jahre angesammelt. Rein rechnerisch könnten im günstigsten Fall die seit 2015 gekommenen, arbeitsfähigen Zuwanderer schnell die offenen Stellen besetzen. Diese neuen Arbeitsverhältnisse würden wieder neuen Bedarf schaffen, aber sicher in erheblich geringerem Maßstab als Arbeitsstellen besetzt werden, so dass nach wenigen Jahren mit dem oben angenommenen oder sogar weiter ansteigenden Zustrom (wovon viele Beobachter der Krisenregionen beispielsweise in Afrika ausgehen) die verfügbaren Arbeitsmöglichkeiten weitgehend vergeben wären, und die weiter Hinzukommenden sich in die Schlangen der bereits vorhandenen Arbeitslosen einreihen müssten, die sowieso in die Röhre gucken.

Trotz der enormen Anstrengungen, welche das ganze Land im Zuge der Flüchtlingskrise 2015/16 unternommen hat, trotz der Milliarden von Euro, die für deren „Integration" schon ausgegeben wurden, ist das Ergebnis der Beschäftigung nicht besser als in der Vergangenheit (bzw. sogar schlechter, wenn geringfügige

Beschäftigungen nicht mitgezählt werden). Was bedeutet das für die Beschäftigungslage in den nächsten 10 bis 15 Jahren?

Wie Abbildung 1 deutlich macht, steigt die Zahl der neu hinzukommenden arbeitslosen Migranten kontinuierlich an, und erreicht, selbst wenn ab 2017 und in den Folgejahren „nur" noch 250.000 Migranten pro Jahr kämen, bereits ab 2017 die Arbeitslosenzahl von einer Million – die zu den derzeit bereits vorhandenen etwa 2,5 bis 3 Millionen Alt-Arbeitslosen hinzukommen!

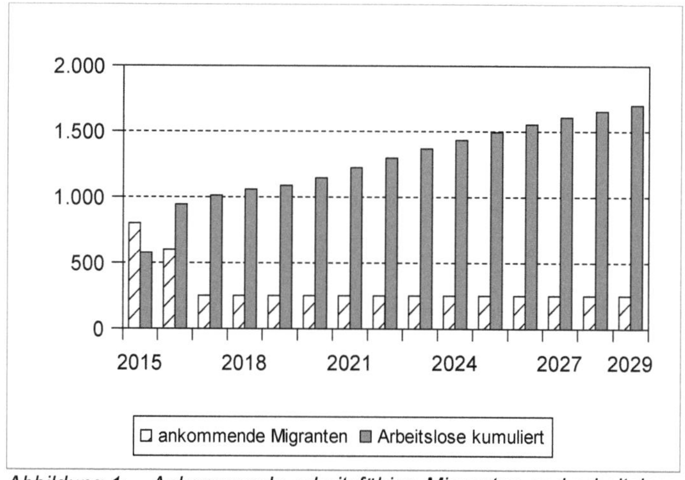

Abbildung 1:   Ankommende arbeitsfähige Migranten und arbeitslose Migranten kumuliert[1]

Dabei wird angenommen, dass die Beschäftigung *»ähnlich gut voranschreitet«*, wie von Detlef Scheele aus den Erfahrungen

---

[1] Weitere Annahmen für die Berechnung:
- 2017 und in den Folgejahren kommen 250.000 Migranten pro Jahr,
- ein Fünftel der ankommenden Menschen ist dauerhaft nicht arbeitsfähig (z. B. Kinder, Alte, Kranke usw.); sie werden nicht als arbeitslos erfasst,
- Arbeitsfähige können nach den von Scheele mitgeteilten Erfahrungswerten in Beschäftigungsverhältnisse gebracht werden, also in den ersten fünf Jahren jeweils 10 %, anschließend 2% pro Jahr bis nach 15 Jahren eine Beschäftigungsquote von 70% erreicht ist.

der Vergangenheit beschrieben und von den Schönrednern bejubelt. Dann darf aber nichts mehr dazwischen kommen, keine Wirtschaftskrise, keine zusätzlichen Fluchtquellen usw. usf., sonst steigen die Zahlen noch deutlich an.

Aber allein diese Zahlen zu nennen, ist ja schon die reinste *»Panikmache«*! Welche Panik sollte eigentlich die vielen Langzeitarbeitslosen angesichts dieser Bereicherung des Arbeitsmarktes befallen? Und welche zusätzlichen Anstrengungen sollen ihnen zuteil werden?

These 33: Aufgrund des demografischen Wandels sind wir auf Zuwanderung angewiesen

»Wir brauchen Einwanderung«, so lautet landauf landab die Parole.

Ein ganz anderes Licht auf den demografischen Wandel wirft Gerd Bosbach, Professor für Statistik und empirische Wirtschafts- und Sozialforschung an der Hochschule Koblenz. Er weist zunächst darauf hin, dass der seit etwa 40 Jahren vorausgesagte Bevölkerungsschwund in Deutschland bisher noch gar nicht eingetreten sei.[76] Ein Blick auf die Zahlen des Statistischen Bundesamtes bestätigt diese Auffassung: Wenn die Bevölkerungsentwicklung, unterschieden nach Deutschen und Nichtdeutschen, im Zeitraum von 1970 bis 2014 betrachtet wird, zeigen sich wellenartige Zu- und Abnahmen der (deutschen) Bevölkerungszahlen, aber insgesamt nur eine Abnahme von nicht einmal 1,7 Millionen Menschen - mit einer möglichen Trendumkehr seit 2012.[77] Darin ist sicher auch ein Teil „eingedeutschter" Zuwanderer enthalten, jedoch klingt das schon nicht mehr ganz so erschreckend wie in der Öffentlichkeit oft dargestellt.[78]

Auch andere Wissenschaftler wie der Münsteraner Wirtschaftspsychologe Guido Hertel oder die an der kalifornischen Stanford Universität lehrende amerikanische Psychologin Laura Carstensen teilen die *»viel beschworene Angst vor einer Vergreisung von Gesellschaft und Wirtschaft«* nicht. Vielmehr sei uns über die letzten 100 Jahre eine zusätzliche Lebenszeit von rund 25

Jahren geschenkt worden.[J] Die älteren Generationen von heute und morgen seien zudem sehr viel gesünder und fitter als die früheren und *»das alleine hinten in die Ruhestandszeit dranzuhängen, ist vielleicht nicht die einzige sinnvolle Lösung«*. Vielmehr seien die geburtenschwachen Jahrgänge durch ein etwas längeres Berufsleben leicht auszugleichen.[79]

Professor Bosbach rechnet vor, warum das Schreckgespenst der Alterung tatsächlich gar nicht so schrecklich ist. Bei der Darstellung der Verteilung der Altersversorgung *»auf immer weniger Schultern«* würden nämlich alle hochgerechneten Veränderungen der nächsten 50 Jahre zusammengezählt, was natürlich zu erschreckenden Zahlen führe. Betrachte man dagegen, welche Veränderung sich pro Jahr ergäben, so zeige sich, dass es nur

> *»einen von 130 Erwerbstätigen ausmacht, den wir ersetzen müssen wegen der Alterung. Einen von 130.«*[80]

Das sieht schon sehr viel weniger bedrohlich aus. Aber uns werden immer nur die addierten Zahlen über 50 Jahre vorgelegt - wenn das mal keine Panikmache ist!

These 34: Wir brauchen Zuwanderung, um unseren Fachkräftemangel auszugleichen

Somit stehen wir mehr denn je vor der unbedingten Notwendigkeit zum wirtschaftlichen Erfolg. Und ungeachtet dieser voraussehbaren Entwicklung der Arbeitslosenzahlen wird der Ruf nach weiterer Zuwanderung nicht leiser. Aber diesmal wollen es Industrie und Wirtschaft richten, denn sie suchen ja händeringend nach Fachkräften. Deshalb kommt dieser Ruf nach weiterer, geregelter Zuwanderung besonders laut von Wirtschaftsvertretern.

[J] Die Festlegung des Renteneinstiegsalters auf ein Alter von anfangs 70 Jahren wurde in Deutschland unter Bismarck mehr oder weniger willkürlich bestimmt, 1916 (also vor genau 100 Jahren!) auf 65 Jahre reduziert und 2006 auf Basis eines Stufenplanes wieder auf 67 Jahre erhöht. Quelle: http://www.1989history.eu/geschichte-rentenversicherung.html, letzter Zugriff: 30.03.2016, 19:02 Uhr

Bekanntlich sind Arbeitslosigkeit ebenso wie Jugendarbeitslosigkeit unter den bereits vorhandenen Migranten besonders hoch. Aber wo war die Wirtschaft, die sich noch 2015 die Hände rieb, angesichts der Erwartung eines riesigen Reservoirs an neu hereinkommenden, billigen Arbeitskräften? Wo war die Industrie in den vergangenen Jahren und Jahrzehnten? Warum hatte sie ihre Jobscouts nicht schon lange in die Migrantenwohnviertel ausschwärmen lassen, um die begehrten Fachkräfte dort herauszuholen? Und wie passt das mit der Forderung von Soziologen und Arbeitswissenschaftlern zusammen, die immer wieder feststellen, dass Arbeitsuchende mit ausländisch klingenden Namen oft schon bei der Bewerbung benachteiligt werden? Viele verlangen deshalb, Bewerbungen nur noch anonymisiert einzureichen, damit Arbeitgeber nicht sofort erkennen, dass es sich um Ausländer handelt.

Aber das wird jetzt alles besser! Nur keine falsche Panikmache. *»Wir schaffen das«*, *»wir müssen nur...«* und *»wir dürfen nicht...«*. Wie scheinheilig die Forderung nach permanenter Zuwanderung besonders von der Großindustrie ist, das

> *»zeigt eine Umfrage dieser Zeitung [Frankfurter Allgemeine Zeitung] unter den 30 wertvollsten Unternehmen im Deutschen Aktienindex (Dax), die für einen addierten Jahresumsatz von mehr als 1,1 Billionen Euro und für rund 3,5 Millionen Beschäftigte stehen. Eigenen Angaben zufolge haben diese Unternehmen, zusammen genommen, bis Anfang Juni aber gerade einmal 54 Flüchtlinge fest angestellt. Davon entfielen allein 50 auf die Deutsche Post, zwei jeweils auf den Softwarekonzern SAP und den Darmstädter Pharmahersteller Merck.«*[81]

Das ist besonders bemerkenswert, weil beispielsweise der Vorstandsvorsitzende der Daimler AG, Dieter Zetsche, schon von der hohen Motivation der Flüchtlinge geschwärmt hatte: *»Genau solche Menschen suchen wir bei Mercedes und überall in unserem Land.«*[82] Flüchtlinge in einer Zahl, die dieser Schwärmerei gerecht würde, hatte der Daimlerkonzern, ein Schwergewicht im Dax, bis Mitte 2016 allerdings nicht eingestellt.

Auch der ehemalige Chef der Bundesagentur für Arbeit, Frank-Jürgen Weise, dämpfte die Erwartungen bereits in Bezug auf die Behebung unseres (angeblichen) Fachkräftemangels durch die aktuellen Flüchtlinge:

> *»Hilft uns der Flüchtlingsstrom beim Fachkräftemangel? Nein. Hilft er uns bei dem demografischen Problem? Nein.«*[83]

Flüchtlinge könnten zwar

> *»ein kleiner Beitrag zur Lösung dieser Probleme sein. [...] Daneben gebe es viele, ´die werden nicht unseren Standards gerecht´«*[84]

These 35: Wir brauchen ein modernes Einwanderungsgesetz

Von der Zahl der Flüchtlinge losgelöst sollen qualifizierte Zuwanderer (also keine Flüchtlinge, sondern Fachkräfte aus den ärmeren Ländern der Welt) ins Land geholt werden, welche mit größerer Wahrscheinlichkeit als viele der unqualifizierten Flüchtlinge eine direkte Stütze des deutschen Wirtschafts- und Rentensystems sein könnten. Dieses Unterfangen soll mithilfe eines modernen Einwanderungsgesetzes besser gelingen als in der Vergangenheit. Dabei wird immer auf andere Länder verwiesen, denn wir müssten uns anstrengen, damit die *»besten Köpfe«* nicht in die USA, nach Großbritannien oder Kanada wanderten und der *»Braintrain«* an uns vorbeidampfe. Die Ausbeutung der „zweiten" und „dritten Welt" geht demnach in äußerst bedenklicher Form weiter. Haben wir uns bisher im Wesentlichen Rohstoffe geholt, so brauchen wir nun eben die *»besten Köpfe«*.

<u>Das ist Kolonialismus pur!</u>

Kolonialismus in seiner schlimmsten, seiner ausbeuterischen Form. Und die ehemaligen Klassenkämpfer machen nicht nur bereitwillig mit, sie sind eine der treibenden Kräfte bei diesem Raubzug. Nimmt denn irgendjemand ernsthaft an, diese *»besten Köpfe«* würden in ihren Herkunftsländern nicht gebraucht?

Ein Einwanderungsgesetz soll nun aber dabei helfen und den deutschen Regelungswirrwarr in Bezug auf Zuwanderung vereinfachen und den Zuzug besonders von Fachkräften erleichtern. Dabei wird oft ein Punktesystem ins Spiel gebracht, wie es etwa Kanada nutzt, um genau auszusieben, wen die Kanadier haben wollen und wen nicht. Nicht ganz zu Unrecht nennt die Bundestagsabgeordnete der Linken, Sevim Dağdelen, diese Auslese einen *»Nützlichkeitsrassismus«*.[85] Darüber hinaus soll ein Einwanderungsgesetz auch den Wechsel vom Asyl zur regulären Arbeitsmigration erleichtern,[86] und sogar den Rechtsextremen den Wind aus den Segeln nehmen, weil diese Zuwanderer dann nicht mehr den Sozialhilfesystemen zur Last fielen.[87] Na, ob diese Hoffnungen alle so erfüllt werden?

Möglicherweise sind sich die notorischen Forderer von mehr gezielter Zuwanderung der Überzeugungskraft dieser Argumente nicht ganz sicher, denn jede Forderung nach solch einem *»modernen Einwanderungsgesetz«* wird flankiert mit der drohenden Verarmung im Alter aufgrund des demografischen Wandels. Diese Panikmache beeindruckt durchaus viele verängstigte Bürger, denen unser gegenwärtiges, auf absolute Individualisierung und größtmöglichen Konsum gepoltes Gesellschaftssystem klar gemacht hat, dass Kinder in erster Linie ein Karriere- und Armutsrisiko darstellen.

Man muss sich das einmal auf der Zunge zergehen lassen: Angenommen es stimmt, dass wir unbedingt Zuwanderer für unseren Arbeitsmarkt brauchen (was aber durchaus bezweifelt werden kann, siehe vor!), dann sind wir, die wir verglichen mit den armen Schluckern in aller Welt geradezu in Saus und Braus leben, nicht bereit, für den Fortbestand unseres derzeitigen, sehr verschwenderischen (Versorgungs-)Systems im Alter genügend Kinder zu zeugen, uns mit deren manchmal durchaus mühsamer Erziehung zu beschäftigen und sie angemessen auszubilden, weil wir mit uns selbst, unserem Wohlergehen und unserer finanziellen Absicherung vollauf beschäftigt sind. Noch schlimmer, selbst den wenigen Kindern (ob mit oder ohne Migrationshintergrund), die wir noch haben, bieten wir nicht die bestmöglichen Ausbildungsbedingungen, um ihr Potenzial voll zu entfalten. Stattdessen sollen Einwanderer geholt werden, natürlich junge, qualifizierte, denn selbst die einfältigsten Gutmenschen haben inzwischen gemerkt, dass Einwanderung in die Sozialsysteme zwar (in ihren Augen) humanitär wäre, aber weder auf Dauer und in der Größenordnung finanzierbar noch bei der ach so bornierten eigenen Masse akzeptiert ist. „Qualifiziert" heißt also, ausgebildet und zwar möglichst für unseren Bedarf.

Das kommt einem doch bekannt vor: In den 1960ern wurden Gastarbeiter geholt, u. a. um die dreckigen und schlecht bezahlten Jobs zu machen, zu welchen die Deutschen bei den damit meist verbundenen Hungerlöhnen immer weniger bereit waren. Jetzt sollen erneut Zuwanderer kommen, die wieder genau die Arbeiten machen sollen, zu denen die über-individualisierten Deutschen keine Lust mehr haben. Derweil ergehen diese sich in grenzenloser Selbstverwirklichung als Künstler und Konsumamöben. Das Ganze auf Kosten der unterentwickelten Länder, weil wir uns ja deren *»beste Köpfe«* holen - noch schäbiger geht es eigentlich gar nicht!

These 36: Unser Rentensystem kann ohne Zuwanderung nicht tragfähig bleiben

Die Rechnung geht so: Uns fehlten in jedem Jahr durchschnittlich ca. 400.000 Kinder, um der Alterung der Gesellschaft entgegenzuwirken. Bei einem Rentenbeitragssatz von 18,7 % betrug das Rentenniveau 2016 noch knapp 45 %, während es bei Fortschreibung der Geburtenentwicklung 2035 nur noch bei ca. 28 % liegen werde. Zudem müssten immer weniger Junge für immer mehr Alte die Renten erwirtschaften. Also sollen die fehlenden Geburten durch Zuwanderung kompensiert werden, um dieses drohende Szenario nicht Wirklichkeit werden zu lassen.[88]

Bei dieser Rechnung bleiben folgende Faktoren jedoch unberücksichtigt: Die Arbeitsproduktivität[K] in Deutschland weist seit der Wiedervereinigung eine durchschnittliche Steigerung von ca. 0,9 % auf. Durch die Turbulenzen während der Finanzkrise 2008 waren die jährlichen Veränderungen etwas durcheinander geraten, aber in den letzten drei Jahren lag sie wieder relativ konstant zwischen knapp unter 0,8 und fast 0,9 %.[89]

Eine Steigerung der Arbeitsproduktivität von ca. 0,8 bis 0,9 % pro Jahr bedeutet bei gleichbleibender Gesamtproduktion, dass 0,8 bis 0,9 % der zu leistenden Arbeit überflüssig wird. Bei rund 45 Millionen Arbeitnehmern in Deutschland (Stand 2016)[90] heißt dies wiederum, dass in jedem Jahr rund 360.000 bis über 400.000 Arbeitskräfte weniger gebraucht werden, um die gleiche Wirtschaftsleistung zu erbringen. Die Korrelationen sind natürlich komplizierter, weil sehr viele Faktoren eine Rolle spielen, aber die Größenordnung wird doch deutlich.

Darüber hinaus wird klar, warum Politik und Wirtschaft ein permanentes Wirtschaftswachstum anstreben. Denn wenn durch die steigende Produktivität Arbeitsplätze in solchen Größenordnungen jedes Jahr wegfallen, wäre bei gleichbleibenden oder wachsenden Bevölkerungszahlen eine vergleichbare Steigerung der Arbeitslosenzahlen die Folge – mit entsprechenden gesellschaftspolitischen Verwerfungen.

Der Anstieg der Arbeitsproduktivität von knapp unter einem Prozent in den letzten 3 Jahren kann jedoch sehr schnell Makulatur sein, denn wir stehen am Vorabend der sogenannten „4. industriellen Revolution", welche durch Digitalisierung und alles umfassende Vernetzung in absehbarer Zeit viel mehr Arbeitsplätze überflüssig machen kann als die statistisch belegte Produktivitätssteigerung der Vergangenheit. In Deutschland könnten *»mittel- und langfristig sogar mehr als die Hälfte aller Arbeitsplätze wegfallen«*. Wie üblich bei solchen Entwicklungen werden viele Wenigerqualifizierte ihre Arbeit verlieren, zu denen in zunehmendem Maße Migranten zählen. Allerdings sind sich die Exper-

---

[K]   Arbeitsproduktivität = Bruttowertschöpfung je Erwerbstätigem

ten offenbar einig, dass durch die bevorstehende Digitalisierung der Wirtschaftsabläufe auch Höherqualifizierte in stärkerem Maße betroffen sein werden als es die bisherige Arbeitsproduktivitätsteigerung vermuten lassen würde.[91] Das heißt übrigens auch, dass die „Wunderwaffe" Bildung zunehmend stumpfer wird.

Eine weiteres großes „Potenzial" für die Freisetzung von Arbeitskräften erwartet uns aus einer anderen Ecke: Einer der wichtigsten Industriezweige in Deutschland (wenn nicht der wichtigste) ist die Automobilindustrie. Nun stehen wir auch hier vor einer epochalen Umwälzung, denn der Verbrennungsmotor gilt als Auslaufmodell, während in aller Welt der Elektromotor als einzig zukunftsfähiges Antriebsaggregat gesehen wird. Der Elektroantrieb ist aber sehr viel einfacher aufgebaut und erfordert daher für seine Herstellung und Wartung erheblich weniger Aufwand und Personal. Auch hier werden aller Voraussicht nach weitere hunderttausende Arbeitsplätze in absehbarer Zeit wegfallen.

Wenn all dies so eintritt – was nicht nur im Bereich der Möglichkeiten liegt, sondern durchaus wahrscheinlich ist – dann führt es zu großen Verwerfungen, die nur mit enormen Anstrengungen zum Beispiel in Bezug auf Umverteilung und Neuordnung bewältigt werden können. Und: Ohne starken Zusammenhalt innerhalb der Gesellschaft ist das kaum zu meistern! Wie immer bei Prognosen sind aber auch diese unsicher, *»besonders, wenn sie die Zukunft betreffen«*. Dennoch ist die Behauptung, die sinkende Zahl der Renteneinzahler müsste in Zukunft unbedingt durch Zuwanderer ausgeglichen werden, demnach sehr in Frage zu stellen. Dessen ungeachtet wird der Bevölkerung seit Jahren das Schreckgespenst der Demografie in den alternden Wohlstandsgesellschaften vorgehalten, um ja keine Kritik an der gewünschten Zuwanderung aufkommen zu lassen.

Aber Panikmache ist ja nur Sache der rechten Hetzer!

These 37: Die Zuwanderung darf nicht zu Lasten der Schwächsten in unserer Gesellschaft gehen

Bei der Betrachtung der Folgen für die unteren sozialen Schichten kann exemplarisch die Veränderung der Wohnsituation für die einheimische Bevölkerung betrachtet werden. Hier sind die Ergebnisse nicht mehr so belanglos wie bei der allgemeinen Lohnentwicklung und der gesamtwirtschaftlichen *»Bereicherung«*, denn auch wenn beispielsweise die Wirtschaftsmigranten in ihren Herkunftsländern oft nicht zu den Bedürftigsten zählten, so gehören sie in den Aufnahmeländern doch eher zu den ärmeren Bevölkerungsschichten. Dementsprechend konkurrieren sie zunächst mit den einheimischen Armen um den verfügbaren Wohnraum und die Sozialleistungen. Absolut betrachtet sind viele der Zuwanderer, wie etwa die Mehrzahl der Kriegsflüchtlinge, die einen Großteil ihres Hab und Guts verloren haben, verglichen mit den Einheimischen sogar noch bedürftiger.

Die Folge davon ist, dass sich Migranten in Stadtvierteln konzentrieren, die auch schon von ärmeren Einheimischen bewohnt werden, diese oft sogar sukzessive verdrängen und regelrechte Ghettos bilden. Wenn Migraten aufgrund dieser schlechteren Ausgangslage nicht dauerhaft zu „Bürgern zweiter Klasse" werden sollen, müssten sie sogar einen bevorzugten Zugriff etwa auf Sozialwohnungen erhalten, um hier einen Ausgleich zu schaffen. Zudem müssen einheimische Empfänger von sozialen Leistungen immer mit neu hinzukommenden um die naturgemäß begrenzten sozialen Umverteilungsmaßnahmen konkurrieren.

Dem steht der fromme Wunsch gegenüber, die Zuwanderung dürfe nicht zu Lasten der Schwächsten in unserer Gesellschaft gehen. Das ging sie aber in den vergangenen Jahrzehnten, und nichts spricht bisher dafür, dass es in Zukunft besser laufen könnte.

Kapitel E Integration

These 38: Wir müssen die Voraussetzungen schaffen, dass eine bunte, multikulturelle Gesellschaft funktionieren kann

Zahlreiche Beispiele aus der Geschichte zeigen, dass Multikulti nur unter zwei Bedingungen einigermaßen funktioniert:

1. In einer Gesellschaft herrschen relativ stabile Zustände und es gibt genügend Verteilungsspielraum. Der Kuchen muss groß genug sein, damit für alle etwas abfällt und die Spielregeln müssen so beschaffen und allgemein anerkannt sein, dass die Verteilung für die meisten einigermaßen akzeptabel funktioniert.

    Schließlich darf die wirtschaftliche Homogenität nicht zu sehr aus dem Gleichgewicht geraten. Das bedeutet, dass *»Multikulturalismus, wenn er denn funktionieren soll, ein gewisses Maß an Gleichheit in der Gesellschaft braucht, an materieller Gleichheit«.*[92]

    Noch gibt es bei uns offenbar Verteilungsspielraum, aber alle soziologischen Untersuchungen warnen vor der immer größer werdenden sozialen Schere innerhalb unserer, aber auch anderer Gesellschaften. Die Reichen werden reicher, die Armen ärmer und zu den Armen gehören überdurchschnittlich viele Migranten. Sollte sich diese Tendenz fortsetzen, so lässt das nichts Gutes für die Funktionsfähigkeit von Multikulti erwarten. Noch schlimmer wird es, wenn die Wirtschaft in eine ernste Krise gerät und dadurch entsprechend harte Verteilungskämpfe losgetreten werden.

2. Es gibt einen Herrscher, der mit eiserner Faust über den Volksgruppen wacht und nicht nur jeden, der sich anschickt, mit rassistischen Mitteln Unruhe zu stiften, sondern auch jeden, der die Werte des Aufnahmelandes und dessen Gesetze nicht oder nur unzureichend akzeptiert, fest an die Kandare nimmt oder ggf. einen Kopf kürzer macht. Bei-

spiele finden sich hierfür einige in der Geschichte, für uns am nächsten liegend: die Preußenkönige des 17. und 18. Jahrhunderts. Aber auch Tito in Jugoslawien, die greisen Herrscher der Sowjetunion oder selbst Saddam Hussein im Irak, die alle mit brachialer Gewalt für relative Ruhe in ihren Herrschaftsbereichen sorgten. Meist war das nicht von reiner Menschlichkeit getrieben, sondern durchaus Kalkül und Eigennutz, wie beispielsweise auch bei den Herrschern des Mittelalters, die ihre „Schutzjuden" hatten. Aber entscheidend war eben der Schutz, selbst, wenn er nur phasenweise gewährt wurde. Denn er setzte voraus, dass es der jeweilige Herrscher nicht nötig hatte, etwa um von Missständen abzulenken, eine ethnische Gruppe auf eine andere zu hetzen.

Fielen die Herrscher weg und folgten keine nach, die in Bezug auf das Zusammenleben der Ethnien genauso klar handelten, ging das Hauen und Stechen wieder los. Beispiele aus unserer Zeit finden sich hier wieder in Jugoslawien, der Sowjetunion oder dem Irak.

Die Hoffnung demokratischer Gesellschaften richten sich in der Hauptsache darauf, die erste Bedingung ausreichend lange aufrecht erhalten zu können, damit sich die einwandernde Gruppe der Mehrheitsgesellschaft anpassen kann, mit anderen Worten: dass sie sich irgendwann vollständig assimiliert. In Deutschland gab es Beispiele für gelungene Einwanderungen durch Assimilation, etwa die der Hugenotten aus Frankreich oder der „Ruhrpolen" des ausgehenden 19. Jahrhunderts. Treten die Zuwanderer in größeren Mengen auf, so können sie die ursprüngliche Gastgesellschaft unter Umständen auch stärker beeinflussen, man spricht dann oft romantisierend von einem „Schmelztiegel" wie etwa in den klassischen Einwanderungsländern USA und Kanada. Hier fühlten sich aber, gerade in den Anfängen dieser Staaten, fast alle als Zuwanderer - und unterdrückten ihrerseits die in die Minderheit geratenen Ureinwohner. Kaum anzunehmen, dass die amerikanischen Indianer diesen Schmelztiegel ebenfalls so verklärend romantisieren.

These 39: Die Integration ist vielerorts sehr gut gelungen

Woran macht sich Integration fest? Oft werden als Beispiele gelungener Integration gemeinsame Aktivitäten zwischen Einheimischen und Zuwanderern wie Fußballspielen, Musikmachen oder ähnliches als identitätsstiftend angeführt. Die seriöse Medienwelt ist voll von diesen Beispielen[93] und sie werden in der Diskussion immer gern angeführt, in ihrer wirklichen Bedeutung aber selten hinterfragt. Außerdem werden sehr gern die vielen migrantischen Arbeitnehmer und Selbstständigen angeführt, die brav ihre Steuern zahlen und ansonsten nicht negativ auffallen.

Ein anderes Beispiel für Integration: In meinem Heimatdorf gab es früher sechs jüdische Familien. Diese waren voll integriert, die Männer sangen im hiesigen Männergesangverein mit; sie waren im Gemeindeleben, in der Schule, bei allem „mitten drin". Sie hatten sich mit ihrer deutschen Heimat in einem Maße identifiziert, wie man es sich von den heutigen Zuwanderern nicht einmal im Traum vorstellen kann. Das ging sogar so weit, dass die jungen Männer der jüdischen „Community" selbstverständlich bereit waren, ihr Leben für ihr Land zu riskieren und einige haben es auch verloren, wie das Kriegerdenkmal vor der Kirche beweist. Natürlich gab es übliche Reibereien, wie sie zwischen Menschen immer auftreten, aber die jüdischen Mitbürger waren nach heutigen Maßstäben wunderbar integriert. Und trotzdem ist das geschehen, was geschehen ist (weil sie noch nicht ausreichend assimiliert waren!). Ein Schulfreund meines Vaters, mit dem wir bis heute Kontakt haben, hat beispielsweise seine ganze Familie verloren.

Vor diesem Hintergrund wirken die heute kolportierten „Erfolgsgeschichten" geradezu drollig naiv – und gefährlich, weil sie von der Notwendigkeit zur Assimilation ablenken!

Es reicht nicht, wenn Zuwanderer mehr schlecht als recht Deutsch radebrechen, ihre Steuern zahlen und ansonsten nicht auffallen. In der nächsten ernsten Krise fliegt uns das um die Ohren – so wie es in Krisensituationen immer entlang der ethnischen Grenzen innerhalb von Gesellschaften zu Gewalt und Katastrophen kam. Der Zuzug von Millionen von Menschen innerhalb historisch so kurzer Zeit hat noch nie ohne massive Verwerfungen und letztlich auch Blutvergießen in gesellschaftlichen Konfliktfällen stattgefunden.

Der zur Schau gestellte Optimismus angesichts der Integrationsbeispiele und die Hoffnung, dass diese zuverlässig auf die große Masse der Zuwanderer übertragbar sein sollte, ist durch die Beobachtungen der realen Verhältnisse in allen Ländern mit derart großen Migrantengruppen nicht im mindesten gerechtfertigt. Überall gibt es Parallelgesellschaften, in denen große Migrantengruppen leben, die nicht einmal die Sprache des Aufnahmelandes sprechen, viele seiner Verhaltensregeln ablehnen und sogar eine ausgeprägte Abneigung gegen das Land und den ganzen Westen mit seinen westlichen Werten entwickelt haben. Genauso wenig sind Anzeichen für eine deutliche Besserung in Zukunft erkennbar. Das daraus erwachsende Festhalten an der fortgesetzten Zuwanderung im großen Stil zeugt von beträchtlicher Naivität und wenig Verantwortungsbewusstsein gegenüber den Problemen, den bestehenden ebenso wie den noch auf uns zukommenden!

These 40: Die meisten Zuwanderer identifizieren sich mit der deutschen Gesellschaft

Obwohl nicht einmal die drängendsten Probleme der normalen Alltagsintegration ausreichend gelöst sind, wird immer wieder betont, dass die Aufnahme der Millionen Einwanderer in Deutschland in der Vergangenheit schon vergleichsweise gut funktioniere. Schaut man über unsere Grenzen etwa nach Frankreich oder England, so zeigt sich, wie dort Einwanderer-Ghettos schon regelrecht explodiert sind. Völlig außer Kontrolle gerieten ethnische Auseinandersetzungen in deutlich weniger stabilen Gesellschaften, von Ex-Jugoslawien über viele der ehemaligen Sowjetrepubliken bis nach Ruanda oder Sudan. Derartige Ausschreitungen oder gar Exzesse hat es in Deutschland tatsächlich noch nicht gegeben. Hat also die Integration in Deutschland alles in allem recht gut geklappt?

Sicherlich trifft das für sehr viele Migranten zu und man kann von einer vergleichsweise guten Integration ausgehen. Allerdings gehört zu einer guten Integration in eine Gesellschaft auch ein gewisses Maß an Identifikation mit dem Aufnahmeland und seinen wesentlichen Grundsätzen. Und dabei wirft ausgerechnet die größte Gruppe der Migranten, diejenigen mit türkischen Wurzeln, neuerdings doch Fragen auf.

Schon durch die Begleitumstände der Armenienresolution des Deutschen Bundestages wurde dieses Bild der guten Integration augenscheinlich gestört, weil zahlreiche Türken und Türkischstämmige in Deutschland keineswegs hinter dem Inhalt der Resolution standen. Vielmehr folgten sie der Empörung der türkischen Regierung in Ankara und waren in Deutschland gegen diese Verurteilung des 1915 von Türken begangenen Völkermordes an ca. 1 bis 1,5 Millionen Menschen der armenischen Minderheit im Osmanischen Reich auf die Straßen gegangen.

Als nächstes wurde das schöne Bild vom Abstimmungsergebnis der in Deutschland lebenden Türken über die Verfassungsänderung in der Türkei weiter eingetrübt. Dabei entschied sich eine deutliche Mehrheit der abgegebenen Stimmen für die Änderung und half damit dem türkischen Präsidenten Erdoğan seine repressiven Vorstellungen von Staatsführung und Demokratie durchzusetzen. Besonders irritierte dabei, dass die gleichen Türken in Deutschland alle Freiheitsrechte des demokratischen Staates in Anspruch nehmen, während sie für ihre Heimat den Weg in Richtung Diktatur mit ebneten.

Noch irritierender erscheint dieses Abstimmungsverhalten allerdings, wenn man sich eine repräsentative Erhebung im Auftrag der Universität Münster mit dem Titel „Integration und Religion aus der Sicht von Türkeistämmigen in Deutschland" ansieht. Darin wurde beispielsweise die folgende Aussage vorgegeben:

> *»Die Befolgung der Gebote meiner Religion ist für mich wichtiger als die Gesetze des Staates, in dem ich lebe.«*

Das Umfrageergebnis zeigte, das annähernd die Hälfte (47 %) der Befragten dieser Auffassung zustimmte! Aus der ersten Generation, der nach Deutschland Zugewanderten, waren es 57 % und aus der zweiten und dritten Generation, also der hier geborenen und hier sozialisierten Türkeistämmigen, immer noch 36 %. Ähnlich bedenklich waren die erhobenen Einstellungen in Bezug auf religiöse Toleranz und Trennung von Religion und Staat.[94]

Ob andere Gruppen, wie die der arabischen Zuwanderer, andere, uns genehmere Einstellungen hegen, muss sehr bezweifelt werden. Offenbar ist es mit der Identifikation mit unseren Gesellschaftsvorstellungen doch nicht so weit her, wie es brave Gemüsehändler und fleißige Fabrikarbeiter, die ansonsten nicht weiter auffallen, auf den ersten Blick suggerieren. Die momentane Ruhe, die über den deutschen Multikulti-Wipfeln herrscht, sollte also besser nicht überbewertet werden.

These 41: Einheimische und Migranten dürfen nicht gegeneinander ausgespielt werden

Seitens der Befürworter der fortgesetzten Zuwanderung wird von den alteingesessenen Bürgern unmissverständlich gefordert, kontinuierlich fremde Menschen bei sich aufzunehmen. Damit nicht genug, sie sollen alle Fremden sogar von Herzen willkommen heißen und alles, was jeder Einzelne für seine Identität hält, was vielleicht sogar kollektiv als „deutsch" empfunden wird, achselzuckend aufgeben oder bestenfalls in einen gemeinsamen Topf werfen mit Leuten, die ihre Eigenheiten aus aller Herren Länder mitbringen. Gleichzeitig wird seitens der Multikultibefürworter immer wieder betont, auf keinen Fall eine Assimilation anzustreben. Die Migranten sollen ihre Identität so weit wie möglich behalten können, den Einheimischen wird aber zugemutet, den Charakter ihres Landes ohne Murren preiszugeben und gegen eine irgendwie geartete Mischidentität einzutauschen. Das Ganze sollen sie sogar noch mit euphorischer Begeisterung forcieren. Sobald sich die Alteingesessenen aber dagegen sträuben, werden sie als Nationalisten, Rassisten und xenophob an den Pranger gestellt.

Eine wissenschaftliche Bestätigung dieser Beschreibung gibt der britische Professor für Ökonomie und Direktor des Zentrums für afrikanische Ökonomien an der Blavatnik School of Government der Universität Oxford, Sir Paul Collier. Er erläutert:

> *»...dass Einwanderer besser als Einheimische in der Lage sind, verbindendes Sozialkapital zu schaffen. Ihnen wird gestattet und sie werden sogar ermuntert, eng verbundene Gemeinden zu bilden, die ihre Herkunftskultur beibehalten. [...]*

> *Im Gegensatz dazu wird von einheimischen sozialen Netzwerken verlangt, sich von verbindendem auf überbrückendes Sozialkapital[L] umzustellen. Im Ergebnis gehört der durchschnittliche Einwanderer trotz des zermürbenden sozialen Umbruchs der Migration einem dichteren sozialen Netzwerk an als der durchschnittliche Einheimische.«*

Die Folge daraus ist:

> *»Durch die Verknüpfung einer auf Einwanderer ausgerichteten Politik des multikulturellen Separatismus und einer auf die einheimische Bevölkerung gemünzten Gesetzgebung der Antidiskriminierung wird die goldene Regel verletzt: Eine Gruppe erhält eine Behandlung, die der anderen nicht zugestanden werden kann.«*[95]

[L] Unter *»verbindendem Sozialkapital«* werden dabei soziale Verknüpfungen innerhalb einer Gruppe verstanden, während *»überbrückendes Sozialkapital«* Verknüpfungen zwischen verschiedenen Gruppen (z. B. zwischen Migranten und Einheimischen) bezeichnet.

Wenn in der Zuwanderungsdiskussion von „Ungleichbehandlung" die Rede ist, wird immer nur auf die Diskriminierung der Migranten geschaut. Die gibt es, keine Frage, und sie erschwert das Zusammenwachsen der verschiedenen Bevölkerungsgruppen. Aber auch die Einheimischen werden „diskriminiert". Beides kann auf Dauer nicht gut gehen. Vielmehr behindert und verhindert eine derartige Ungleichbehandlung die Bildung von Vertrauen zwischen Einheimischen und Zuwanderern und damit deren Zusammenwachsen massiv.

These 42: Integration darf nicht zu Assimilation führen

Die Hüter der bunten Gesellschaft reagieren aber geradezu allergisch auf zu viele Forderungen nach Anpassung an die Mehrheitsgesellschaft, die an die Migranten gestellt werden könnten. Sogleich ist das Schlagwort der *»Zwangsassimilierung«* zur Stelle. Vor gar nicht all zu langer Zeit wurde sogar die Forderung, Deutsch zu lernen, noch als *»Zwangsgermanisierung«* verteufelt.[96]

Angesichts der immer augenfälliger werdenden Probleme werden inzwischen aber auch seitens der Mulitkultibefürworter Anpassungsleistungen von den Zuwanderern verlangt. An erster Stelle stehen das Erlernen der Sprache und die Anerkennung unserer Rechtsordnung. Weiterhin sollen sie unsere Gesellschaftsform akzeptieren, also die Demokratie respektieren und leben. Alle weiteren spezifischen Merkmale sollen selbstverständlich nicht in Frage gestellt werden (sonst wäre es ja auch keine bunte Gesellschaft mehr!).

Jedoch, was passiert eigentlich, wenn sie nicht einmal diese Minimalforderungen erfüllen? Antwort: Nichts. Wer erst einmal hier ist, einen wie auch immer gearteten Aufenthaltsstatus erreicht hat, braucht weder die Sprache zu lernen noch die Demokratie zu respektieren. Solange er nicht straffällig wird, bleibt er unbehelligt, und selbst bei eindeutig Kriminellen wird das Bleiberecht fast nie in Frage gestellt.

In Verbindung mit weiteren Fehlern im Verständnis von und im Umgang mit den Zuwanderern führt dies zu den bekannten „Brennpunkten der Gesellschaft" mit einem offensichtlich weit unterschätzten Gefahrenpotenzial. Denn findet diese Assimilation zwischen verschiedenen ethnischen Gruppen innerhalb einer Gemeinschaft nicht statt, brechen die Probleme an den ethnischen Grenzen wieder auf, sobald eine ausreichend tiefgreifende Krise die betreffende Gesellschaft in Atem hält und bedrängt. Wie bereits mehrfach erwähnt, zeigte sich dies auch in unserer Zeit bei vielen bedeutenden Konflikten in aller Welt: Im ehemaligen Jugoslawien, in vielen der ehemaligen Sowjetrepubliken, in Ruanda oder dem Sudan.

Ein anderes Beispiel: Die Juden haben über mehr als 1.000 Jahre in Europa (und Deutschland) gelebt, sich aber nicht assimiliert – und waren regelmäßig Pogromen ausgesetzt, besonders im wirtschaftlich rückständigen Osten Europas. Den Juden, welche schon im Mittelalter konvertierten, ist dagegen nichts passiert, nachdem sie erst einmal in der Volksmasse aufgegangen waren, jedenfalls nicht wegen ihrer jüdischen Wurzeln. Selbst die Nazis mussten bei ihrer vom Rassenwahn getriebenen Ahnenforschung in der Regel irgendwo in der vierten oder fünften Generation haltmachen.

Ironie der Geschichte: Ausgerechnet zu einem Zeitpunkt, nach der rechtlichen und gesellschaftlichen Gleichstellung im Kaiserreich, als die große Mehrheit der deutschen Juden nichts lieber wollte, als sich zu assimilieren, als sich das strenge Korsett der Religionen deutlich lockerte und die Aufgabe der jüdischen Eigenheiten ermöglichte, stürzten sie in die bisher letzte und größte Verfolgung von allen. Dies stellt aber kein Scheitern der Assimilation dar, wie oft behauptet wird, sondern sie kam schlicht und ergreifend zu spät. Wandert eine nennenswerte ethnische Minderheit in eine Mehrheitsgesellschaft ein, so entsteht immer eine Art Wettlauf zwischen Assimilation, also weitgehendem Verschwinden der Andersartigkeit und dem Auftreten der nächsten Spannungen zwischen den Ethnien. Pogrome hängen immer mit Umbrüchen, meistens mit mehr oder weniger dramatischen wirtschaftlichen Veränderungen zusammen. Dann sucht sich der Volkszorn ein Ventil (oder es wird ihm gesucht), das am einfachsten bei denen zu finden ist, die anders sind. In Deutschland hätten die Umbrüche nach dem verlorenen Ersten Weltkrieg und der kollektiven Demütigung durch den Versailler Vertrag, welche übrigens die jüdischen Deutschen genauso beschämend empfanden wie die christlichen, nicht größer sein können.

Die Forderung, eine Assimilation der Zuwanderer dürfe auf keinen Fall verlangt werden, gleicht also dem Herumstehen-lassen von offenen Benzinkanistern in einem ohnehin schon brandgefährdeten Haus.

These 43: Die multikulturelle Gesellschaft ist nicht gescheitert, sondern Fakt

Achtung: *»Nichts ist so beständig wie die Veränderung!«*[97]

Wir alle haben mehreren Entmischungsprozessen vor dem Fernseher sitzend und vor Schauder genüsslich Chips fressend zugesehen: auf dem Balkan, in Ruanda, in Darfur (Sudan). In diesen Ländern waren die unterschiedlichen Gruppen über Jahrhunderte beheimatet, sprachen zum Teil die gleiche oder verwandte Sprachen, lebten als Nachbarn nebeneinander und kannten sich sicherlich sehr gut. Trotzdem sind sie aufeinander losgegangen.

Ob wir in Europa und Deutschland vor einem erneuten Entmischungsereignis gefeit sind, wenn uns einmal eine (Wirtschafts-) Krise von Weimar'schem Format trifft, ist mehr als zweifelhaft. Durch den ständigen Zuzug vieler junger Menschen, denen wir dauerhaft eine ausreichende Perspektive bieten müssen, sind wir aber zu permanentem Wirtschaftswachstum verdammt, sonst werden wir der Unzufriedenheit nicht mehr Herr und die Lunte am Pulverfass, auf dem wir sitzen, beginnt zu glimmen.

These 44: Populisten und rechte Hetzer untergraben die bereits erzielten Erfolge

Freilich werden inzwischen die Schwierigkeiten, die auftreten, wenn so unterschiedliche Ethnien und Kulturen in unmittelbarer Nachbarschaft aufeinandertreffen, nicht mehr, wie über lange Zeit, einfach totgeschwiegen. Auch gehört zum politisch korrekten Kanon nicht mehr das Leugnen jeglicher Anpassungsnotwendigkeit der Ankömmlinge, aber allzu gern werden die Versäumnisse der Mehrheitsgesellschaft aufgegriffen und breitgetreten. Dann werden in erster Linie nicht die Einwanderer verantwortlich gemacht für ihre Eingliederung, sondern die vorurteilsbeladenen, dumpfbackigen Bio-Deutschen an ihren Stammtischen, die nicht mit offenen Armen freudig auf ihre neuen Nachbarn zugehen, sondern diese von vornherein ablehnen. Die Arbeitskollegen, Arbeitgeber und Behörden, die den Mitbürgern mit Migrationshintergrund Steine in den Weg legen und sie so oft versteckt oder offen diskriminieren. Und nicht zuletzt die Politiker, die ihrer Verantwortung nicht gerecht werden (und sowieso immer an allem Schuld sind) und es einfach nicht verstehen, die Rahmenbedingungen richtig zu setzen und eine Willkommenskultur aufzubauen.

Wenn das multikulturelle Miteinander nicht gelingt, dann sind die anderen daran schuld. Diejenigen, welche die notwendigen Maßnahmen nicht mittragen wollen, die den »Zug der Zeit verpasst« haben und mit ihrem systematischen Schlechtreden der erforderlichen Entwicklung sogar in den Rücken fallen. Dass man selbst in engstirniger und besserwisserischer Verblendung die eigenen Möglichkeiten maßlos überschätzt und sich in eine Illusion verrannt haben könnte, ist natürlich völlig absurd.

Das ist eine klassische Dolchstoßlegende!

Zur Erinnerung: Erster Weltkrieg; die Kriegsparteien hatten sich an der Westfront im jahrelangen Stellungskrieg festgebissen, Millionen Tote und Verletzte waren schon zu beklagen. Trotzdem wurden immer wieder nur die alten, bisher nicht greifenden Taktiken angewandt. Offensiven gegen gut befestigte Stellungen des Gegners nach vorbereitendem Trommelfeuer. Die Soldaten wurden dabei in Massen gegen moderne Maschinengewehre in den Tod getrieben, um ein paar hundert Meter mehrfach umgepflügter Schlammwüste zu erobern. Hatte die eine Seite tatsächlich einmal einen kleinen Geländegewinn erzielt, setzte die andere in gleicher Ideenlosigkeit und mit der gleichen Verantwortungslosigkeit für das Leben ihrer Männer alles daran, diesen wieder rückgängig zu machen.

Nachdem Russland 1917 im Osten kapituliert hatte, wurden dort eine Million deutsche Soldaten entbehrlich. Statt mit diesem Trumpf die Franzosen zu einem Verständigungsfrieden zu bewegen, fiel der militärischen Führung des Deutschen Reiches unter der Leitung von Erich Ludendorff und Paul von Hindenburg nichts weiter ein, als auch diese in einer neuen Offensive nach altem Muster zu verheizen. Durch das offene Eingreifen der USA in das Kriegsgeschehen mit ihren unendlichen Ressourcen an Menschen und Material wurde anschließend die vorher schon absehbare Niederlage der völlig erschöpften deutschen Armeen unvermeidlich.

Aber vor den Kapitulationsverhandlungen gaben Ludendorff und Hindenburg die Führungsverantwortung noch schnell ab und legten sie in die Hände der Zivilisten. Nachdem diese den verheerenden Vertrag von Versailles unterzeichnen mussten, kamen ausgerechnet dieselben Militärs, die zuvor die Karre in den Dreck gefahren hatten, mit der Geschichte auf, in der Heimat seien zersetzende Elemente der Front in den Rücken gefallen. Das Heer sei schließlich »im Felde unbesiegt« gewesen. Damit sollte vom eigenen Versagen abgelenkt und die Schuld an der Niederlage anderen in die Schuhe geschoben werden. Die sogenannte „Dolchstoßlegende" war geboren und nie wieder aus der Welt zu bringen. Hätten sich nur Verschwörungsenthusiasten davon beeindrucken lassen, wäre es halb so schlimm gewesen, aber sie entwickelte sich zu einer schweren Hypothek für die Weimarer Republik und bildete eine wichtige Sprosse in der Leiter zum Aufstieg Adolf Hitlers.

Das gleiche Muster wie bei der Dolchstoßlegende der deutschen Militärs nach dem Ersten Weltkrieg ist bei den rechthaberischen Multikultiverfechtern zu erkennen. Sie schieben alle Hinweise und Warnungen, alle Erfahrungen aus der Geschichte bei Seite. Denn die eigene Wunschvorstellung muss realisiert werden – koste es, was es wolle – allem Wissen um die realen Möglichkeiten, um die Natur des Menschen, um seine (nachvollziehbaren) Ängste und seine mentalen Schwächen zum Trotz. Die sich aus diesen realen und mentalen Einschränkungen ergebenden Folgerungen, beispielsweise für die gesellschaftliche Tragfähigkeit eines bunten Miteinanders, werden entweder völlig ausgeblendet oder kleingeredet, denn sie können ja durch die Bekehrung der Engstirnigen beseitigt werden. Wir müssen nur genügend Bildung in sie hineinstopfen!

Die Apologeten des bunten Durcheinanders wollen (und müssen!) den besseren Menschen erziehen und beharren dabei auf ihren Wunderwaffen Kennenlernen, Erklärung und Bildung, obwohl diese schon unzählige Male versagt und sich als viel zu unzureichend erwiesen haben.

Die Verantwortung für das absehbare Misslingen ihrer überzogenen Wunschvorstellung schieben sie aber anderen zu. Denn diejenigen, die nicht willens oder in der Lage sind, diesen Weg weiter mitzugehen, werden als die Übeltäter an den Pranger gestellt. Früher waren es die Vaterlandsverräter, heute sind es die Ewiggestrigen, die rechten Populisten, die alle verkappte Ausländerfeinde und Rassisten sind.

Multikulti ist alternativlos, ein Ende des Experimentes kommt nicht in Frage. Oder anders ausgedrückt: Multikulti muss leben und wenn wir sterben müssen![M]

[M] Diese Ableitung aus einer Parole aus dunkleren Zeiten ist Absicht, weil das apodiktische Vorgehen vieler Protagonisten damals und heute sehr wohl vergleichbar ist!

Kapitel F   Gesellschaft

These 45: Wir wollen in einer freien, aufgeklärten, bunten Gesellschaft leben

Wann immer die Ablehnung der multikulturellen Gesellschaft besonders rüpelhaft oder gar durch Gewalttaten geäußert wird, wird in öffentlichen Diskussionen gern die Frage in den Raum gestellt: *»In welchem Land wollen wir eigentlich leben?«* Diese Frage ist allerdings rhetorischer Natur, die Antwort steht nämlich von vornherein fest, weil am multikulturellen Gesellschaftsmodell selbstverständlich nicht gerüttelt werden soll. Denn offensichtlich begeistern sich die Multikultibefürworter für dieses bunte Durcheinander, finden es gut und wollen es auf keinen Fall missen. Das ist ein legitimer Wunsch.

Andererseits gibt es Menschen, die genau so ein Durcheinander nicht wollen, weil sie sich eher geordnete Verhältnisse wünschen, Überschaubarkeit und Verlässlichkeit – ganz ohne andere Kulturen zu verachten oder gar mit fremdenfeindlichen und rassistischen Vorurteilen herabzuwürdigen. Sie möchten einfach nicht, dass ihr Land und ihr Leben in so kurzer Zeit so dramatisch verändert und umgewälzt werden. Aber deren Wunsch gilt als verwerflich oder gar primitiv! Er wird mit dem Vorwurf der Rückwärtsgewandtheit, der Xenophobie und der Deutschtümelei bestraft.

Mit welchem Recht? Warum ist das Empfinden der einen besser und mehr wert als das der anderen?

Und wer ist „wir"? Die links-intellektuelle Elite? Die *»besserverdienenden Studienräte«* und Gutmenschen, deren Lebensbereicherung durch Kontakte mit klugen und gebildeten Zuwanderern durchaus möglich ist? Die aber mit den Problemen, welche durch die hohen Zuwanderungsraten zwangsläufig entstehen, in den meisten Fällen nur wenig zu tun bekommen, allein schon weil sie nicht in den Gegenden wohnen, wo die meisten der Ärmeren und die weniger Gebildeten unterkommen? Deren Kinder nicht in Klassen mit 80, 90% Ausländerkindern sitzen, von denen manche kaum Deutsch sprechen und damit jeden geregelten Unterricht erschweren (vorsichtig ausgedrückt)?

Oder die Mehrheit der einheimischen Bevölkerung, also der *»schweinsgesichtigen Teutonengesellschaft«*, wie die Zeitschrift TEMPO bereits 1992 formulierte?[98] Die nie gefragt wurde, ob wirklich Gastarbeiter herkommen sollten und ob jetzt schon wieder die Forderungen der Wirtschaft erfüllt werden müssen, indem zwar keine anatolischen Analphabeten mehr geholt werden, sondern stattdessen die *»besten Köpfe«*, weil wir die angeblich für unsere kinderlose Alterssicherung brauchen. Die auch nie gefragt wurden, ob jedem, der erst einmal seinen Fuß auf heimischen Boden setzt und es irgendwie hinkriegt, ein paar Jahre hier zu bleiben, ein dauerhaftes Bleiberecht eingeräumt werden soll.

Hier stößt das kolportierte Demokratieverständnis schnell an seine Grenzen, denn Volkes Meinung ist zwiespältig – und nicht immer erwünscht. Mehr dazu in Kapitel „Volksentscheide".

These 46: Wir brauchen keine deutsche Leitkultur

In der Diskussion um eine deutsche Leitkultur wird immer wieder behauptet, das Grundgesetz reiche vollkommen aus, da sei alles drin, was für eine gelungene Integration nötig sei. Eine deutsche Leitkultur grenze dagegen aus, ja beleidige sogar die vielen Zuwanderer in unserem Land, insbesondere die muslimischen. Dazu die Meinung von Birgit Kelle:

"Sie können ja die Identität eines Landes nicht nur in Gesetze packen. Deshalb kommt mir diese Diskussion auch zu kurz: Jeder, der sich ans Grundgesetz hält, ist doch ganz prima! Nein, das reicht nicht. [...] Das Grundgesetz reicht eben nicht aus. Das Grundgesetz ist sozusagen die rechtliche Basis, wo man sagt: Daran sollte man sich auf jeden Fall halten. Aber das ist nicht alles, das macht nicht die Identität eines Bürgers aus, die Frage, ob er sich an Recht und Gesetz

hält. Sondern für mich ist Integration oder die Frage: Fühl ich mich als Deutsche auch etwas, was eine Haltung ausdrückt. Möchte ich auch zu diesem Land gehören.

Und wenn wir dann feststellen, dass wir so was wie Parallelgesellschaften in unserer Gesellschaft zulassen. Dass wir in Großstädten inzwischen die sogenannten No-GoAreas haben [...]. Wir haben es dort mit Menschen zu tun, die weder Lust haben unsere Sprache zu lernen, noch sich an unsere Sitten zu halten, sondern die sich sogar separieren von der deutschen Gesellschaft. Die schließen nicht wir aus, sondern die schließen sich selber aus. Die haben gar kein Interesse daran.

Und das ist auch der Punkt, das ist, glaube ich, auch das, was die meisten Menschen in der Gesellschaft unruhig macht, wo sie sagen: Das finden wir nicht gut. Wir finden's nicht gut, dass sich hier Leute separieren, dass quasi ganze Regionen abdriften und die nicht mehr bereit sind, sich mit den Sitten und Gebräuchen in unserem Land auch nur zu beschäftigen, geschweige denn überhaupt eine innere Haltung positiv dazu zu bekommen. Sie lehnen uns ab."[99]

Deshalb ist nicht nur die Diskussion um eine Leitkultur überfällig, sondern auch deren Definition – unabhängig, wie schwierig diese in den einzelnen Punkten auch sein mag.

Noch eine Anmerkung zum Grundgesetz als „Leitfaden":

Das Formulieren von Verhaltensgrundlagen, die im normalen Alltagsgebrauch tragfähig sind (die dann Leitkultur genannt werden können – oder auch nicht), dient in erster Linie dem Zusammenwachsen der vielen unterschiedlichen Kulturen, die in der bunten Gesellschaft zusammengeworfen werden. Sie müssen auf einen gemeinsamen Nenner kommen, sonst kommen sie auf dumme Gedanken. Hierzu liefert das Grundgesetz den rechtlichen Rahmen – mehr nicht! Das alltägliche Zusammenleben und Zusammenwachsen der Menschen zu regeln, war aber auch gar nicht das vordringliche Anliegen der „Väter des Grundgesetzes" gewesen. Vielmehr atmet das Grundgesetz den Gedanken, nach den bitteren Erfahrungen in der Zeit des Dritten Reiches den Einzelnen vor dem Staat in Schutz zu nehmen.

Und: Wer beschäftigt sich denn ernsthaft mit den Texten des Grundgesetzes? Bisweilen werden auch nur die ersten Artikel des Grundgesetzes als besonders sinnstiftend genannt. Aber auch diese heranzuziehen, damit es ein wenig einfacher wird, lässt die Menschen im fremden Alltag mit zu vielen allgemeingültigen Formulierungen allein. Vielmehr muss jedem, der neu zu uns kommt und mit unserer Lebensart nicht vertraut ist, eine Art Fahrplan oder Bedienungsanleitung an die Hand gegeben werden, welche ihm einen guten, am Alltag orientierten und wenig missverständlichen Überblick über die wichtigsten Spielregeln in unserem Land geben.

These 47: Was ist deutsch?

Die Frage, was deutsch ist, kann tatsächlich kaum allgemeingültig beantwortet werden. Erstens ist „deutsch sein" genauso in stetigem Wandel wie alles andere im Leben. Zweitens werden sich auch 50 - 60 Millionen sogenannte Bio-Deutsche nie einvernehmlich auf eine gemeinsame Definition einigen können, sondern jeder wird eine etwas andere Vorstellung davon haben. Gerade in der individualisierten, westlichen Welt, die auf überkommene Traditionen keinen Wert mehr legt, kann eine Beschreibung von „deutsch" immer nur mehr oder weniger diffus bleiben. Gleiches gilt aber auch für andere Identitäten, seien sie nun französisch, türkisch oder afrikanisch. Je näher solche Kategorien der Moderne kommen, desto unschärfer werden ihre Konturen. Eine Reduzierung auf lächerliche Stereotype, sobald es um die Frage geht, was denn Deutsch-Sein eigentlich ausmache, hilft dagegen auch nicht weiter, sondern verdeutlicht lediglich die

Verachtung gegenüber anderen Empfindungen und anderen Meinungen.

Im Grunde muss gar nicht im Detail definiert werden, was deutsch ist und was nicht. Entscheidend ist viel mehr, dass sich die Zuwanderer, egal, ob sie nun aus der Türkei, aus Afghanistan, aus Afrika oder sonst wo herkommen, von denen nennenswert unterscheiden, deren Vorfahren schon seit Jahrhunderten hier leben und bzw. oder die sich vor allem mit ihrem „Deutsch-sein", „Französisch-sein" usw. identifizieren, sei es im positiven oder im negativen Sinne. Dabei können die Unterschiede in Bezug auf das Selbstverständnis der verschiedenen Gruppen zum Ausdruck kommen, aber auch im Verhalten, in Riten, Traditionen oder eben in äußerlich sichtbaren Merkmalen wie der Hautfarbe.

Aus diesen Unterschieden, die letzten Endes eine „Identität" ausmachen und die von beiden Seiten, den Einheimischen wie den Migranten, gleichermaßen wahrgenommen werden, entstehen fast immer Spannungen, egal, wie groß die Unterschiede tatsächlich sind. Häufig sind die nur empfundenen Unterschiede sogar noch wichtiger als real existierende! Paradoxerweise erwachsen ausgerechnet durch vergleichsweise kleine Unterscheidungen oft die schlimmsten Auseinandersetzungen, gerade weil die Gruppen sich so ähnlich sind und sich lange und relativ gut kennen. Wer von uns kann Hutus und Tutsi voneinander unterscheiden oder Serben und Kroaten, Armenier und Aserbaidschaner?

Trotzdem sind die Unterschiede entscheidend, die nur empfundenen fast noch mehr als die objektiven. Wenn nun in eine Gesellschaft eine große Zahl Fremder nicht nur mit abweichendem Aussehen, sondern auch mit ihren abweichenden Identitäten einwandert, dann ändert sie in jedem Fall diese in ihrem Erscheinungsbild und ihrem Gesamtempfinden. Je mehr kommen, desto größere Änderungen bringt das mit sich. Und je größer die Unterschiede sind und je länger sie erhalten bleiben, desto größer ist die Wahrscheinlichkeit, dass sie irgendwann zu Konflikten führen. Deshalb muss diese Vermischung mit viel Augenmaß geschehen, wenn sie in einer freien Gesellschaft gelingen soll!

These 48: Die offene Gesellschaft braucht keine gemeinsame Identität

Der praktische Nutzen einer gemeinsamen Identität, eines echten Zusammengehörigkeitsgefühls, ist zwar auch förderlich im alltäglichen Miteinander, denn es kann harmonischer ablaufen, aber tatsächlich ist sie nicht unbedingt notwendig, solange alles „gut" geht. Ihre eigentliche Bedeutung erhält sie erst bei der Abwendung von Not- und Krisensituationen, die das gesamte Gemeinwesen bedrohen. Dann ist die gemeinsame Identifikation aller Gruppenmitglieder besonders wichtig, oft sogar überlebenswichtig, weil nur sie dauerhaft Vertrauen und Kooperationsbereitschaft über alle Gruppengrenzen hinweg hervorbringt.

Das Zusammenspiel zwischen Gruppe, Verpflichtungen des Einzelnen gegenüber der Gemeinschaft und umgekehrt, sowie das Zusammengehörigkeitsgefühl aller Mitglieder, läuft letzten Endes auf das hinaus, was man früher mit dem Begriff der Schicksalsgemeinschaft bezeichnete. Aber schicksalhafte Gegebenheiten und Entscheidungen schmecken uns heute gar nicht mehr. Alles muss offen bleiben, jeder muss alles können und dürfen, so wenig wie möglich soll endgültig festgelegt sein. Die freie Entfaltung und persönliche Selbstverwirklichung könnten ja behindert werden. Diese Unverbindlichkeit passt zu unserer gesamten modernen Lebensvorstellung. Sie soll angenehm sein, nicht zwicken und nicht wehtun. Das Zurückstellen des eigenen Egos, freiwilliger Verzicht oder gar die Bereitschaft, sich in einer Gemeinschaft unterzuordnen, sind dagegen unangenehm und passen nicht zum selbstbestimmten Individuum.

Wenn nun permanent neue Mitglieder in großer Zahl in die Gemeinschaft aufgenommen werden müssen, die den anderen unbekannt sind, die sich sogar noch fremdartig benehmen und aussehen, kann sich kein Zusammengehörigkeitsgefühl oder gar eine Schicksalsgemeinschaft bilden. Schicksalsgemeinschaften über größere Gesellschaftsgruppen hinweg können nicht eben mal bunt zusammengewürfelt werden, sie können nur langsam wachsen. Sie benötigen dauerhafte Hingabe und Verpflichtung der einzelnen Mitglieder an und für die Gemeinschaft sowie Vertrauen, das die einzelnen Mitglieder zur Gemeinschaft und untereinander entwickeln - über viele Generationen. Da mag man noch soviel von *»Willkommenskultur«* schwadronieren, nichts davon lässt sich auf die Schnelle erreichen oder gar von oben verordnen.

These 49: Eine gemeinsame „deutsche" Identität grenzt alle anderen aus

Das stimmt, aber: Eine Identität zu haben, bedeutet, sich mit bestimmten Merkmalen und Besonderheiten zu identifizieren, die andere ebenfalls teilen. Ferner gehört zum Vorhandensein einer eigenen Identität, sich zusammen mit „seinesgleichen" von dritten zu unterscheiden, die ihrerseits andere Identitäten verkörpern können. Dabei sind nicht unbedingt biologische, religiöse oder vergleichbare Unterscheidungsmerkmale relevant. Es können sich durchaus Individuen mit sehr unterschiedlichem Aussehen und Auffassungen in einer Identifikationsgruppe zusammenfinden. Viel wichtiger sind die Bedingungen zur gemeinsamen Identifikationsfindung. Aber ohne einen - wie auch immer gearteten - Kontrast zu anderen wird keine eigene Kontur sichtbar.

Abgrenzung ist also gar nicht zu umgehen. Es ist nur die Frage, wie und wo sie vorgenommen wird. Manche Gegner von Multikulti ziehen sie zwischen Bio-Deutschen (Bio-Franzosen, Bio-Engländern usw.) und Zuwanderern, während die meisten Befürworter sie auf keinen Fall dort sehen, sondern irgendwo weiter außen. Nur wo genau, kann nicht gesagt werden. Zum einen soll ja niemand, der noch kommen kann, von vornherein ausgegrenzt werden[100] und zum anderen will man sich nicht festlegen, schon gar nicht auf irgendwas wie „Nation" oder „Deutsch", allenfalls vielleicht auf „Deutsch +". Die multikulturelle Gesellschaft will interne Abgrenzung um jeden Preis vermeiden, weil sie die damit verbundene Ausgrenzung fürchtet. Wo die externe Abgrenzung verläuft, bleibt, wie gesagt, offen, denn niemand soll jemals ausgegrenzt werden. Das führt dann nicht nur zum Problem des fehlenden Zusammenhaltes innerhalb der offenen Gesellschaft, sondern auch zu Schwierigkeiten bei der Identitätsfindung der Gesellschaft als Ganzes, ebenso wie der einzelnen Teilgruppierungen für sich.

These 50: Identität lässt sich nie klar und völlig widerspruchsfrei fassen

Wie bei der Frage, was „deutsch" überhaupt ist, lässt sich auch Identität nie klar und völlig widerspruchsfrei fassen, sondern ist einem ständigen Wandel unterworfen. Daraus aber zu schließen, Identität sei fast beliebig wandelbar und formbar, ist ein Trugschluss. Sie entsteht nicht von heute auf morgen, sondern kann sich nur bilden, wenn ein gewisser Zeitraum zur Verfügung steht, in dem sich die unterschiedlichen Teilgruppen einer Gemeinschaft aufeinander einstellen können. Sehr förderlich für die Bildung einer gemeinsamen Identität ist das gemeinsame Bestehen von Notsituationen. Beispielsweise schmieden kriegerische Bedrohungen von außen, die gemeinsam abgewehrt werden, zusammen.

So dräut auch den fanatischsten Individual-Fetischisten, dass selbst die offene Gesellschaft so etwas benötigt wie Zusammenhalt. Denn wenn eine Gesellschaft in der Hauptsache davon bestimmt ist, dem Einzelnen größtmögliche Freiheiten zu geben, bei möglichst reduzierten Verpflichtungen gegenüber der Gemeinschaft, so untergräbt dies die Krisenfestigkeit immens. Aber gerade die offene Gesellschaft verlangt dem Einzelnen kein ernsthaftes Bekenntnis mehr ab. Sie ermöglicht vielmehr sogar das Ein- und Austreten nach Lust und Laune. Heute ist man Afghane, morgen geht man nach Deutschland, na, da wird man dann halt Deutscher. Wenn ich heute Deutscher bin und mir das ganze kleinkarierte Getue hier nicht mehr passt, dann wandere ich eben nach Neuseeland aus und suche mein Abenteuer in der Freiheit des dünn besiedelten Raumes mit Zivilisationsgarantie. Sollte das schief gehen, komme ich wieder zurück und bin halt wieder Deutscher - mit allen Ansprüchen in Bezug auf soziale und medizinische Mindestversorgung.

Diese Beliebigkeit drückt aber keine Zugehörigkeit zu einer Schicksalsgemeinschaft mehr aus, sondern ist bestenfalls noch mit der Mitgliedschaft in einem Fitnessclub vergleichbar. Man geht hin, guckt sich alles an, und wenn es gefällt und genehm ist, meldet man sich an. Sollte aber irgendwann einmal etwas nicht mehr stimmen, so kann man jederzeit wieder austreten und ins nächste Studio wechseln, wo es vielleicht doch noch etwas modernere Geräte und bessere Betreuung durch den Trainerstab gibt. Ganz nach Belieben.

These 51: Jeder kann Deutscher werden

Oder ist das alles wurscht, völlig egal? Kann man auch mit dieser Beliebigkeit glücklich werden? Exemplarisch für diese Beliebigkeit kann die Antwort von Martin Schulz (SPD), ehemals Präsident des Europäischen Parlamentes und nachgerade Fleischwerdung des Muster-Europäers, auf die Frage sein, was denn nun eine deutsche Identität ausmache:

> *»Dass man sich zugehörig fühlt zu dem Volk, in dem man lebt. Das kann jedem gelingen, wenn dieses Volk jeden aufzunehmen bereit ist, der sich mit den Grundwerten dieses Volkes identifiziert. Wir haben eine Verfassung, wir Deutschen, die in den ersten 20 Artikeln, wie ich finde, wie kaum eine andere Verfassung beschreibt, welchen Rahmen man zu einem toleranten und offenen Leben in einem Volk schaffen kann – und schaffen muss. Und wer sich dem zugehörig fühlt, der ist Deutscher im Sinne unseres Grundgesetzes. Wie die Hautfarbe ist, wie die Nationalität seiner Vorfahren, spielt dabei keine Rolle.«*[101]

Auch Niederländer, Franzosen, Italiener werden sich in ihrer Mehrheit problemlos mit unseren Grundwerten, wie sie in den ersten 20 Artikeln unserer Verfassung festgehalten sind, identifizieren können. Demnach sind sie alle Deutsche. Überhaupt alle Menschen auf der Welt, die sich zu diesen Werten bekennen und *»zugehörig fühlen«*, sind damit Deutsche – juhu! Auch der Soziologe Dirk Becker sieht seine Identität gerade darin, dass er sie ändern kann.[102]

Abgesehen davon, dass dies ziemlich abgehobene, intellektuelle Wohlstandsperspektiven sind, die noch nie einer harten Belastungsprobe unterzogen wurden, ist sehr fraglich, ob sie auch auf breite Bevölkerungsschichten übertragbar sind.

These 52: Eine gemeinsame kulturelle Identität ist kontraproduktiv für die Gleichberechtigung aller Kulturen in der bunten Gesellschaft

Diese These geht von der Überlegung aus, dass die Kultur eines Menschen so prägend und wichtig für ihn sei, dass er diese behalten müsse, sonst würde es ihn unzulässig belasten oder gar aus der Bahn werfen. Daher müssten alle Kulturen in der offenen Gesellschaft gleichberechtigt nebeneinander stehen können, keine dürfe eine andere dominieren oder gar verdrängen.

Das erfordert unbedingt eine sehr große Toleranz zwischen den unterschiedlichen Gruppen. Da diese offenbar nicht von vornherein vorhanden ist, werden entsprechende Forderungen formuliert („ihr müsst alle offen auf die Migranten zugehen", „ihr dürft keine Vorurteile haben", usw.), die zum Beispiel über Aufklärung und Bildung an den Mann und die Frau gebracht werden sollen. Das erinnert doch sehr an die von oben verordnete Völkerfreundschaft in den früheren Ostblockgesellschaften. Der ehemalige Kulturstaatsminister und Philosoph Julian Nida-Rümelin sieht in diesem multikulturalistischen Ideal eine gefährliche Fehleinschätzung:

> *»Die Vorstellung, man könnte eine Demokratie so gestalten, dass man unterschiedliche kollektive Identitäten zu einem Modus vivendi bringt, wechselseitigem Respekt, das ist illusionär. Es muss ein einigendes*

Band geben, der Kooperation, der alltäglichen Verständigung, Verhaltensweisen, des Respektes. Das es eben nicht nur Rechtstreue ist, sondern es ist weit mehr.«[103]

Ein derartiges Gesellschaftsmodell mit seiner utopischen Vision vom friedlichen Miteinander der vielen Kulturen ist in der bisherigen Menschheitsgeschichte noch nirgends dauerhaft realisiert worden. Deshalb gilt:

> **Für ein friedliches Zusammenleben von so vielen unterschiedlichen Menschen mit unterschiedlichen Ansichten, unterschiedlichen Aussehen, unterschiedlichen Religionen usw. ist es sogar unbedingt nötig, eine gemeinsame Identität zu entwickeln!**

Eine gemeinsame Identität kann aber nicht einfach von oben verordnet werden. Was seinerzeit beispielsweise in den Ländern des real existierenden Sozialismus mit dem Ideal des Kommunismus als Endziel der Geschichte vor Augen schon schief gegangen ist, wird auch heute wieder schief gehen! Denn es werden fundamentale Grundsätze zur Entwicklung einer gemeinsamen Identität übersehen oder sogar bewusst ignoriert:

- Für die Bildung einer tragfähigen gemeinsamen Identität müssen gemeinsame Erfahrungen existenzieller Art gemacht werden, die über ein Sich-kennen und zusammen Fußballspielen hinausgehen. Sehr hilfreich ist es beispielsweise, wenn eine ernste Notsituation (am besten eine Bedrohung von außen) gemeinsam erfolgreich überwunden wird.

  Dabei kann nicht die Zuwanderung selbst als zu überwindende Notsituation bzw. Herausforderung gelten, denn ohne die Zuwanderung gäbe es diese Notsituation gar nicht. Das ist also der einen Hälfte der Beteiligten nicht plausibel zu vermitteln.

- Umgekehrt wirken Bedrohungen aus einer der zu verbindenden Gruppen wie ein Spaltpilz. Und es ist nun mal nicht zu leugnen, dass die größte terroristische Bedrohung der Gegenwart aus der Gruppe der muslimischen Zuwanderer kommt. Unsere „hauseigenen" Terroristen der RAF waren dagegen übrigens regelrechte Stümper.

- Wer als Zuwanderer die Regeln innerhalb der Aufnahmegesellschaft nicht akzeptiert und sich entsprechend anpasst, muss deutlich zurechtgewiesen werden und ggf. auch wieder das Land verlassen. Das wollen unsere multikulti-verliebten Meinungsführer aber nicht. Deshalb wird immer erst die Schuld für fehlende Integration bei den Einheimischen gesucht. Auf der anderen Seite gewinnt man den Eindruck, die Migranten und noch mehr die Kriegsflüchtlinge werden bisweilen geradezu in den Heiligenstand gehoben. So etwas wirkt regelrecht vergiftend auf das Zusammengehörigkeitsgefühl.

- Für das Wachsen einer gemeinsamen Identität ist Zeit nötig, viel Zeit. Je unterschiedlicher die Menschen sind, desto mehr Zeit ist erforderlich, um sich aneinander zu gewöhnen und gegenseitiges Vertrauen zu entwickeln. In einer bunten Gesellschaft mit unablässigem Zustrom vieler fremder Menschen, die alle ihre Eigenheiten so weit wie möglich behalten sollen, kann sich aber kein Zusammengehörigkeitsgefühl herausbilden, welches auch in schwierigen Zeiten tragfähig ist. Dafür fehlt – unabhängig von den Anstrengungen um Integration – schlicht und ergreifend die Zeit angesichts der ständig wechselnden Zusammensetzung!

Die Religion muss heute kein nennenswertes Hindernis bei der Entwicklung einer gemeinsamen Identität mehr darstellen, im Gegensatz zu früheren Zeiten. Dies wird durch das Zusammenwachsen der vor Jahrhunderten bitter verfeindeten katholischen und evangelischen Bevölkerungsteile eindrucksvoll bewiesen. Folglich kann auch der Islam durchaus zu Deutschland gehören. Das setzt allerdings voraus, dass er eine ähnliche Entwicklung durchmacht, wie die christlichen Konfessionen. Ein gleichberechtigtes, friedliches Miteinander einerseits von Gläubigen (und Nichtgläubigen), die durch die Aufklärung geprägt und säkularisiert sind, und andererseits von Gläubigen, die in ihrer Religionsauffassung noch einem mittelalterlichen Absolutheitsanspruch verhaftet sind, führt dagegen zwangsläufig zu großen Spannungen und ist auf Dauer nicht möglich.

Schließlich bestimmt der Grad, wie weit eine Gemeinschaft zusammenwächst, deren Fähigkeit, ein funktionsfähiges Gemeinwesen zu etablieren. Dies setzt ein hohes Maß an Vertrauen zwischen den verschiedenen Individuen untereinander und der Individuen zum Staat voraus. Nichts davon ist beim Zusammenleben der Einheimischen und Migranten bisher auch nur in einem einzigen westeuropäischen Zuwanderungsland befriedigend erreicht, um nicht zuletzt auch ernste Krisensituationen zu überstehen.

These 53: Der Doppelpass fördert die Integration

Wer die Staatsangehörigkeit wechseln will wie seine Unterhosen, muss in Kauf nehmen, dass diese keine nennenswerte Bedeutung mehr hat für den Zusammenhalt in der Gesellschaft, die sie eigentlich beschreiben soll. Den vielen Zuwanderern einen deutschen Ausweis zu verpassen, wie es viele Chef-Integrierer gerne wollen, ändert daran nicht das Geringste. Man kann diese alle umdeklarieren und ihnen das Etikett „Deutsch" aufpappen, der Zusammenhalt zwischen Einheimischen und Migranten wird dadurch nicht gefördert. Allenfalls erhalten letztere gewisse Privilegien, die sie als „Nicht-Deutsche" nicht hätten. Aber auch das löst nicht wirklich die Probleme, weder bei der Integration noch bei der Akzeptanz - und schon gar nicht bei den Empfindungen, welche so viele Fremde bei den Einheimischen auslösen.

Übrigens trifft das auch wieder nicht nur auf die so häufig beschimpften, dumpfen Bio-Deutschen zu, sondern auch auf die schon eine Weile hier ansässigen Zuwanderer. Denn was denken beispielsweise wohl die Araber oder die Millionen Türken, in der zweiten und dritten Generation in Deutschland, über die vielen Zuwanderer aus Schwarz-Afrika? Ob sie für die alle verzückte Willkommensgrüße im Herzen tragen?

Der Doppelpass verzögert die Notwendigkeit zur vollständigen Identifizierung mit der Aufnahmegesellschaft nur unnötig, denn irgendwann müssen die Migranten, die tatsächlich dauerhaft hier bleiben wollen – und gute Aussichten haben, auch hier bleiben zu können – ihre stärksten Unterscheidungsmerkmale mit den Alteingesessenen nivellieren. Wenn dies nicht geschieht, wird sich keine gemeinsame Identität über alle Bevölkerungsteile hinweg bilden können und das nötige Vertrauen zwischen den vielen verschiedenen Gruppen wird nicht wachsen. Denn letzten Endes müssen für eine gelungene Integration die Herzen der Menschen gewonnen werden, der Einheimischen und der Migranten. Das bedeutet, es müssen emotionale Rezeptoren bei allen Beteiligten angesprochen werden, sonst wird keine gemeinsame Identität aufgebaut und das multikulturelle Unterfangen bleibt ein blutleeres Intellektuellen-Konstrukt.

These 54: Das Boot ist nicht voll

Die skeptische Infragestellung der fortgesetzten Zuwanderung mit der Behauptung, das Boot sei voll, wird von Multikultibefürwortern sofort damit abgewatscht, diese Phrase stelle allein schon eine moralisch verwerfliche Formulierung dar. Ebenso wie die Ängste vor Überfremdung als unbegründet, als primitiv und geradezu unmoralisch beschimpft werden. Zweifellos ist die Empfindung der Überfremdung subjektiv. Für Nazis in den 1930er Jahren stellten eine halbe Million Juden im Deutschen Reich schon eine unerträgliche Überfremdung dar, während den Multikulti-Enthusiasten die Gesellschaft heute selbst bei einem Anteil von rund 15 bis 20 Millionen Menschen mit Migrationshintergrund noch nicht bunt genug ist.

In Deutschland haben inzwischen laut Erhebung des Statistischen Bundesamtes ca. 17,1 Millionen Menschen, also etwas mehr als jeder fünfte Bewohner, ausländische Wurzeln.[104] Davon geht zwar in Bezug auf die Wahrnehmung als Deutsche ein Teil ab, weil auch solche Menschen mitgezählt wurden, deren Herkunft aus dem Ausland, aber deren Selbstverständnis eindeutig deutsch war und ist, wie die Spätaussiedler. Diese verursachen auch nicht die großen Probleme, aber vor dem Hintergrund der Massenzuwanderung können sie das Fremdheitsempfinden der Alteingesessenen dennoch verstärken.

Außerdem ist für das Empfinden von „zu viel" oder „nicht zu viel" immer auch die Veränderung in bestimmten Zeitabschnitten wichtig. Setzt man den Beginn der heute als „problematisch" empfundenen Zuwanderung mit der Anwerbung von Gastarbeitern Anfang der 1960er Jahre fest, so hat sich innerhalb von nicht einmal zwei Generationen der Anteil der Fremden von fast Null auf etwa 1/5 der Bevölkerung erhöht. Die Identität des eigenen Landes, egal, wie sie empfunden und definiert wurde, wird dabei zwangsläufig stark verändert oder sie geht sogar ganz verloren und wird durch eine neue ersetzt.

Wann fängt aber die Überfremdung an? 2015 wurden in Deutschland 737.575 lebende Kinder geboren, davon 589.670 Kinder von Müttern mit deutscher Staatsangehörigkeit.[105] Im gleichen Jahr kamen 1.156.962 Ausländer (Saldo = Zugezogene - Fortgezogene) ins Land. Insgesamt kamen also allein 2015 über 700.000 „fremde" Menschen mehr hinzu als bio-deutsche geboren wurden. Rechnet man die Außergewöhnlichkeit in Bezug auf den Zuzug des Jahres 2015 heraus und nimmt für dieses Jahr nur die gleiche Steigerung des Zuzugsaldos an wie von 2013 auf 2014,[106] so bleiben immer noch mehr als 260.000 Fremde mehr als Einheimische innerhalb eines einzigen Jahres.

Da zudem Migranten im Mittel mehr Kinder bekommen als Bio-Deutsche und ein Ende der Zuwanderungsentwicklung weder absehbar ist, noch von den Multikultiverfechtern ernsthaft angestrebt wird, stellt sich immer noch die Frage: Wann fängt eine Überfremdung an? Erst dann, wenn jeder dritte ausländische Wurzeln hat, oder aber erst, wenn jeder zweite aus dem Ausland kommt? Oder gibt es überhaupt keine Überfremdung, egal, wie viele zuwandern?

Leider drücken sich alle um die Beantwortung dieser Fragen. Wie das üblicherweise abläuft, zeigt exemplarisch ein Interview von Kathrin Göring-Eckhardt, der Bundestagsfraktionsvorsitzenden von Bündnis90/die Grünen:

Frage: *»Wie viele Flüchtlinge kann Deutschland verkraften? Eine Million im Jahr?«*

Antwort Göring-Eckhardt:

»Ich war im Libanon. Da ist jeder vierte Einwohner ein Flüchtling. Und der Libanon ist ein Land, dem es lange nicht so gut geht wie uns. Wir müssen jetzt schauen, dass wir die Flüchtlinge, die Recht auf Asyl haben, gut unterbringen. Und über ein modernes Einwanderungsgesetz müssen wir bei der Einwanderung die Wünsche der Menschen und die Bedürfnisse in unserem Land zusammenbringen«.

Anschließend kommt die nächste Frage, die mit der Frage nach möglichen Grenzen der Aufnahmefähigkeit nichts mehr zu tun hat.[107]

These 55: Der Islam gehört zu Deutschland

Dieser Satz des ehemaligen Bundespräsidenten Christian Wulf stieß anfangs auf geteilte Zustimmung, inzwischen wird er aber im gesamten politischen Spektrum von links bis ins politisch korrekte rechte Lager weitgehend anerkannt. Erst recht, wenn er etwas abgewandelt wird zu: *»Muslime gehören zu Deutschland«*.

Der Satz ist ja auch nicht falsch, denn die Existenz von mehreren Millionen Muslimen in Deutschland kann niemand mehr leugnen und damit gehört auch deren Religion zu Deutschland. Allerdings ist das keineswegs eine ausreichende Beschreibung, wie der Historiker Heinrich August Winkler erläutert, denn zweifelsohne gehöre beispielsweise die Scharia nicht zu Deutschland, die mit der Einwanderung von vielen Muslimen aber ebenfalls zu uns gekommen ist.[108]

Darüber hinaus sei eine der Kernbedingungen der Demokratie, die strikte Trennung von göttlicher und staatlicher Gewalt im Islam noch nicht realisiert. Der Ausspruch Jesu: *»So gebt dem Kaiser, was des Kaisers ist, und Gott, was Gottes ist!«*[109] könne als die *»Urform der Gewaltenteilung«* verstanden werden. Ohne diese Weichenstellung sei die Säkularisierung und damit auch Aufklärung und Demokratie nicht möglich gewesen. Allerdings finde diese Aussage im Koran keine Entsprechung, weshalb der muslimischen Welt bis heute dieser *»Akt der Befreiung«* noch bevorstehe.[110]

Eine grundsätzliches Fragezeichen hinter dem Satz *»Der Islam gehört zu Deutschland«* erwächst noch aus einer anderen Überlegung: Der Westen mitsamt seinen westlichen Wertvorstellungen und Lebensweise stößt in der muslimischen, besonders aber der arabisch-muslimischen Weltbevölkerung auf viel Widerstand bis hin zu blankem Hass. Vordergründig wird diese Frontstellung gegenüber dem Westen auf die Ereignisse der jüngeren Geschichte zurückgeführt. So gelten die Grenzziehungen der Kolonialmächte England und Frankreich gemeinhin als Grundlage vieler Verwerfungen und das Verhalten westlicher Mächte in den letzten Jahrzehnten, namentlich der US-amerikanischen mit den Kriegen in Afghanistan und dem Irak, als die Auslöser des Hasses auf den Westen und seine Wertvorstellungen.

Die Ablehnung alles Westlichen in weiten Teilen der muslimischen Welt hat allerdings noch eine weiter zurückreichende Dimension: Die Ausbreitung des Islams vollzog sich in einem beispiellosen Tempo, nachdem der Religionsstifter Mohammed 630 n. Chr. die Stadt Mekka erobert hatte. Innerhalb von nur etwa 100 Jahren eroberten Muslime nicht nur die arabische Halbinsel und den Nahen Osten, sondern auch weite Gebiete über Nordafrika bis Südspanien. Viele dieser Gebiete waren zuvor christlich geprägt, wie Spanien, Ägypten und Palästina. Später kamen Eroberungen bis nach Zentralasien und Indien hinzu.

In dieser Zeit und danach galten die muslimischen Herrschaftsbereiche als Hochburgen der Wissenschaft, des Fortschritts und der Toleranz und waren der mittelalterlichen Rückständigkeit Europas weit überlegen. Weitere Jahrhunderte später dehnten unter anderem die türkischen Seldschuken den muslimischen Einfluss auf die vormals vom christlichen Byzanz gehaltenen Gebiete Anatoliens und des Balkans aus.

Dieser muslimische Vormarsch wurde in Europa zunächst mit dem Ende der spanischen Reconquista[N] 1492 und endgültig mit der Niederlage der Türken vor Wien 1683 zum Stehen gebracht. Seit dieser Zeit sind Muslime im Wettstreit mit den Europäern immer weiter zurückgefallen, denn gleichzeitig ging auch die kulturpolitische Überlegenheit gegenüber dem Westen verloren. Vor allem in Bezug auf Wirtschaft, Wissenschaft, Gesellschaftsentwicklung und kulturelle Bedeutung wirkt sich die Rückständigkeit des Orients bis heute aus. Daraus hat sich über die Jahrhunderte ein Unterlegenheits- und Ohnmachtsgefühl entwickelt, welches in einem krassen Missverhältnis zum gewünschten Selbstverständnis steht:

>*Fromme Muslime sehen sich mit einem heiligen Auftrag ausgestattet: Gott hat zuletzt, nach den Juden und nach den Christen, zu uns gesprochen und uns aufgefordert, die Welt zu beherrschen. – Nun aber sind wir eine machtlose Minderheit.«*[111]

Von diesem weit verbreiteten, kollektiven Minderwertigkeitsgefühl in der muslimischen Welt ist der Schritt zu grundsätzlicher Ablehnung und blindem Hass, bei gleichzeitig irrationaler Überhöhung der eigenen Positionen und Befindlichkeiten, nicht mehr weit. Wie sonst können selbst kleinste Anstöße aus dem Westen ausreichen, um regelrechte Aufstände in der muslimischen Welt zu entfachen?

Erinnern wir uns beispielsweise an die Reaktionen auf die Mohammed-Karikaturen der dänischen Zeitung Jyllands Posten,

---

[N] Die Reconquista bezeichnet die Rückeroberung der von Muslimen ab 711 eroberten Gebiete auf der iberischen Halbinsel.

die 2005 einen Sturm der Entrüstung auslösten – allerdings erst, nachdem die Zeichnungen von islamischen Schriftgelehrten aufputschend instrumentalisiert und sogar ein Bild von einem Schweine-Grunz-Wettbewerb als angebliche Verulkung des Propheten „zweckentfremdet" worden waren.[112] Kaum vorstellbar, dass derart pöbelhafte Exzesse aufgrund von Nichtigkeiten unter der erhabenen Toleranz der Herrscher von Al-Andalus[O] möglich gewesen wären. Die westlichen Fehler der jüngeren Vergangenheit haben dann nur noch zusätzlich Öl in ein ohnehin seit langem schwelendes Feuer gegossen und es möglicherweise so zu einer offen lodernden Flamme angefacht.

Solange aber viele Muslime diesen aus der Geschichte erwachsenen Minderwertigkeitskomplex und die daraus generierte Frustration und ihre Ablehnung der westlichen Lebensweise bis hin zum Hass nicht ablegen, können sie auch nicht zu Deutschland gehören. Denn wenn sie zu Deutschland gehören wollen, dann gehört dazu auch ein gerüttelt Maß an Identifikation mit dem Land, seinen Bewohnern und deren essenziellen Besonderheiten.

These 56: Die Angst vor der Islamisierung unserer Gesellschaft ist absurd

Die Zahl der in Deutschland lebenden Muslime wird oft weit überschätzt. Tatsächlich lebten zum Ende 2015 zwischen 4,4 und 4,7 Millionen Muslime in unserem Land. Das entspricht einem Bevölkerungsanteil von 5,4 % und 5,7 %.[113]

Für die Entscheidung, welche Richtung eine Gesellschaft einschlägt, spielen Mehrheiten meist nur eine Statistenrolle. Es sind nie die Mehrheiten, welche die wichtigen Entscheidungen treffen, sondern immer eher vergleichsweise kleine Gruppen. Mehrheiten werden dann „organisiert", um sich gegen konkurrierende (Klein-)Gruppen durchzusetzen und die eigenen Entscheidungen mehr oder weniger zu legitimieren.

[O] Al-Andalus ist der arabische Name für die zwischen 711 und 1492 muslimisch beherrschten Teile der Iberischen Halbinsel.

Wer sich von den konkurrierenden Eliten durchsetzen kann, darüber entscheiden deren Entschlossenheit und die Mittel, die ihnen zur Verfügung stehen und die sie anwenden, um ihre Ziele durchzusetzen. Oft rangieren die Inhalte, welche von den verschiedenen Gruppen vertreten werden, erst dahinter. Eine Gruppe, die zu allem entschlossen ist, deren Bereitschaft so weit geht, das eigene Leben zu riskieren und notfalls auch uneingeschränkt Gewalt anzuwenden, hat es naturgemäß leichter, sich durchzusetzen, als eine andere, welche sich selbst Beschränkungen auferlegt und vielleicht auch nicht mit der unbedingten Entschiedenheit vorgeht.

Allerdings spielen die Umstände, in denen die Eliten agieren, eine weitere, entscheidende Rolle. Brutale Extremisten können in chaotischen Verhältnissen wie etwa im Durcheinander in Syrien und im Irak leicht Fuß fassen, während sie in der Stabilität der Diktatur des Saddam Hussein keine Chance gehabt hätten. Der Aufstieg Hitlers wäre im Kaiserreich nie denkbar gewesen, in der chaotischen Zwischenkriegszeit mit einem national gedemütigten Milieu dagegen schon. In den geordneten Verhältnissen der Demokratien des Westens stehen derartige Extremisten so lange auf verlorenem Posten, wie die staatliche Gewalt in der Lage ist, mit ihnen fertig zu werden und die große Masse ausreichend befriedigt werden kann.

Aber selbst unter Berücksichtigung dieser gruppendynamischen Besonderheiten erscheint es derzeit nicht plausibel, dass sich radikal-islamistische Gruppen, auch mit einem noch deutlich größeren Anteil von Muslimen an der Gesamtbevölkerung im Hintergrund als derzeit, gegenüber der Mehrheitsgesellschaft durchsetzen könnten. Die Angst vor einer bevorstehenden Islamisierung des Abendlandes ist also völlig überzogen.

Das heißt aber nicht, dass Entwarnung gegeben werden könnte. Sehr wohl besteht nämlich die Gefahr, dass diese Extremisten (zunächst) innerhalb der muslimischen Gemeinschaft weiter Einfluss gewinnen und immer mehr Mitstreiter anwerben. Wie sich das entwickeln und was daraus werden kann, hat der ehemalige

Nordafrika-Korrespondent der ARD Samuel Schirmbeck von 1990 an über 10 Jahre in Algerien beobachtet. Innerhalb dieser wenigen Jahre hat er miterlebt, wie einer hoffnungsvollen, im Aufbruch befindlichen Gesellschaft von einer extremen Minderheit durch eine schleichende Islamisierung die religiöse Radikalisierung mit Angst und Schrecken aufgezwungen wurde:

> »Es lässt sich auch schon bei uns in Westeuropa beobachten: Forderung nach Gebetsräumen außerhalb der Moscheen, in Schulen, in Betrieben, an der Uni; Protestbeten unter freiem Himmel, wenn der Forderung nicht nachgegeben wird; Frauen den Handschlag verweigern, weil sie "unrein" sind. Angst vor einem falschen Wort über den Propheten, das böse Folgen haben könnte: So hat es in Nordafrika angefangen.«[114]

Ob dieser Entwicklung mit dem bei uns üblichen Diskurs, der beinah jede Kritik an Islam und Muslimen stereotyp mit dem Vorwurf des unzulässigen Generalverdachts kontert und schnell als islamophob abschmettert, wirksam begegnet werden kann, ist sehr fraglich.

These 57: Zuwanderer und Einheimische müssen Vertrauen zueinander gewinnen

Dies ist eine sehr zutreffende These. Allerdings lässt die Realität der gegenwärtigen Migrationssituationen in allen europäischen Zuwanderungsländern wenig Hoffnung auf Verwirklichung dieser unstrittigen Forderung. Eine große US-amerikanische Studie des Harvard-Wissenschaftlers Robert Putnam zeigt nämlich die Auswirkungen der Einwanderung auf das Vertrauen der verschiedenen Gruppen einer Gesellschaft untereinander:

> »Eines seiner Ergebnisse war, so beunruhigend es ist, bekannt: Je größer der Einwandereranteil in einer Gemeinde, desto geringer das Vertrauen zwischen Einwanderern und Einheimischen. Mit anderen Worten: Die Nähe führt nicht zu einem größeren gegenseitigen Verständnis, sondern zu mehr Misstrauen. Diese Be-

> *ziehung ist vielfach untersucht worden, und Putnams Ergebnisse stimmen mit denen der Mehrzahl anderer Studien auf diesem Gebiet überein. [...] Je mehr Einwanderer in einer Gemeinde leben, desto geringer wird das Vertrauen nicht nur zwischen den verschiedenen Gruppen, sondern auch innerhalb der Gruppen.«*[115]

Und:

> *»Die wichtigste schädliche Wirkung besteht nicht darin, dass Einwanderer und Einheimische einander nicht vertrauen, sondern darin, dass letztere das Vertrauen zueinander verlieren und daher zu einem opportunistischen Verhalten neigen.«*[116]

Wie sehr sich das Vertrauen innerhalb der deutschen Aufnahmegesellschaft schon verringert hat, zeigt allein die Tatsache, dass seriöse Kritiker der Zuwanderung, die im Rampenlicht der Mediengesellschaft standen, sich lange Zeit kaum trauten, öffentlich Stellung zu beziehen. Erst die blutigen Attentate in Paris, die chaotischen Zustände durch die Massenzuwanderung nach Deutschland im Zuge der Syrienkrise und schließlich die Ereignisse in der Silvesternacht 2015 in zahlreichen deutschen Städten rissen erste kleine Löcher in den inoffiziellen Maulkorb.

Dessen ungeachtet muss sich nach wie vor jeder in der Öffentlichkeit stehende Kritiker vorsehen, dass seine Kritik an der Zuwanderung nicht zu deutlich ausfällt, sonst wird er sogleich mit den Schmuddelkindern der AfD oder noch Schlimmeren in Verbindung gebracht. Das soll allerdings nicht darüber hinwegtäuschen, dass man auch unterhalb der Öffentlichkeitsebene einen Bio-Deutschen mit nichts so schnell zum Schweigen bringen kann wie mit dem Vorwurf des Rassismus oder der vermeintlichen Diskriminierung. Auch dies sind Zeichen verlorengegangenen Vertrauens innerhalb der Aufnahmegesellschaft und Hinweise auf wachsenden Opportunismus.

These 58: Wir müssen die gesellschaftlichen Probleme lösen

Alle Bemühungen um ein friedliches Zusammenleben so vieler unterschiedlicher Volksgruppen und Glaubensrichtungen bei uns hängen von einer Grundvoraussetzung ab: wirtschaftlicher Prosperität. Nach heutigem Ökonomieverständnis ist dafür aber wirtschaftliches Wachstum unumgänglich. Ohne stetiges Wachstum werden wir der sozialen Situation nicht Herr. Schon unsere eigenen sozialen Verwerfungen bringen das System an seine Grenzen, wenn man nur die immer größer werdenden sozialen Unterschiede und daraus erwachsende Spannungen betrachtet. Und nun kommen noch die importierten der millionenfachen Zuwanderung der vergangenen Jahrzehnte bis heute hinzu. Ein ohnehin bestehendes und demokratisch kaum zu lösendes Problem wird also innerhalb von wenigen Jahrzehnten noch dramatisch verstärkt.

Die Einschätzung, wie wahrscheinlich ein permanentes Wirtschaftswachstum angesichts der globalen Entwicklungen mit einer wachsenden Weltbevölkerung, der zunehmenden Rohstoffverknappung und der drohenden Klimaerwärmung ist, bleibt letztlich jedem Leser selbst überlassen. Wenn wir die gesellschaftlichen Probleme aber jetzt schon kaum bewältigen können, wie soll das in einer Periode des bevorstehenden ökonomischen Umbaus und eines mittel- bis langfristig sehr wahrscheinlichen wirtschaftlichen Schrumpfungsprozesses möglich werden? Hier schwelt ein Gefahrenpotenzial, das jedem bewusst sein muss, der sich mit dieser Situation ein wenig befasst.

These 59: Wir müssen teilen lernen

Zweifel am stetigen Wirtschaftswachstum sind durchaus angebracht. Wer glaubt denn heute noch ernsthaft an die ewige Schaffung neuer Märkte und eine immer fortwährende Steigerung von Konsum und Wohlstand? Auch eine fortgesetzte Produktivitätssteigerung durch technischen Fortschritt löst langfristig die Probleme nicht, sondern wirft sie gerade erst richtig auf, wie die möglicherweise dramatischen Folgen der sogenannten 4. industriellen Revolution für die Zahl der dann noch benötigten Arbeitskräfte zeigen. Die logische Folge dieses Zweifels heißt: Wir müssen umbauen und teilen.

Hier sehe ich durchaus die dringende Notwendigkeit, dass wir abgeben, teilen und uns sehr viel stärker bescheiden als bisher, und als viele sich das bisher überhaupt vorstellen können. Nicht nur um die uns zur Verfügung stehenden Ressourcen sinnvoller zu nutzen und uns an eine wie auch immer geartete globale Gerechtigkeit anzunähern, sondern auch aus kulturpessimistischer Sicht, denn nichts zersetzt den Charakter der Menschen so gründlich wie übermäßiger Wohlstand.

Teilen führt aber immer zu Verwerfungen, erst recht, wenn es nicht etwa von Naturereignissen, sondern von anderen Menschen erzwungen wird. Bisher haben Demokratien noch nicht beweisen können, ob sie schwerwiegende Verwerfungen und die damit einhergehende tiefe Unzufriedenheit ohne engen Zusammenhalt im Innern und ohne eine regelrechte Opferbereitschaft in breiten Bevölkerungsschichten aushalten können. Betrachtet man den realen Zusammenhalt und die vorhandene Opferbereitschaft in europäischen Zuwanderungsgesellschaften, so sind Zweifel mehr als berechtigt, ob unsere modernen westlichen Demokratien mit ihren bunt zusammengewürfelten Bewohnern derartigen Herausforderungen gewachsen sind.

Kapitel G Gesellschaftlicher Diskurs

These 60: Die Verwendung des Begriffs *»Lügen-presse«* ist unzutreffend

Darauf angesprochen, echauffierten sich alle Vertreter der „Journaille" außerordentlich über diesen *»Nazi-Jargon«*, allerdings war nur wenig Selbstreflexion und Selbstkritik mit dieser Aufregung verbunden. Und offenbar ist der Vertrauensverlust gegenüber den Medien schon länger deutlich spürbar:

> *»Die Mehrheit der Deutschen, so hat Wolfgang Donsbach 2009 schon in einer Studie festgestellt und diagnostiziert, hält Journalisten für deutlich zu mächtig, für manipulativ, für skandalversessen, für bestechlich. Diese ziemlich desaströsen Befunde waren eigentlich lange bekannt und wurden viel zu lange nicht ausreichend diskutiert.«*[117]

Bellt also bei der empörten Verwahrung gegen den Vorwurf der *»Lügenpresse«* etwa nur der getroffene Hund? So weit möchte ich sicher nicht gehen. Wir haben in Deutschland meines Erachtens trotz zunehmend schlechterer Rahmenbedingungen im Medienbereich durch Personalkürzungen und Steigerung der Sensationsgier alles in allem eine gute und seriöse Berichterstattung. Auch und gerade der öffentlich-rechtliche Bereich gibt dabei ein positives Bild ab. Daher ist die pauschale Bezeichnung der (manchen nicht genehmen) Medienlandschaft als *»Lügenpresse«* natürlich blanker Unsinn, ebenso wie die allgemeine Verdächtigung der Einflussnahme „von oben". Dafür gibt es zu viele zu kritische Berichte über Politiker aller Couleur, Wirtschaftsbosse, Prominente usw.

Auch beim heiklen Thema der Zuwanderung ist es dummes Zeug, pauschal von *»Lügenpresse«* zu reden. Informationen werden nicht zurückgehalten, denn man kann auch zu den gesellschaftlich kontrovers diskutierten Themen fast alles in den allgemein zugänglichen Medien finden, sowohl pro als auch contra. Selbst, wenn es hier und da Ausnahmen geben mag (wie es sie wohl überall gibt), so kann man in Deutschland ganz sicher nicht holzschnittartig von einer *»Lügenpresse«* ausgehen. Dieser Begriff gehört in die Kategorie der polemischen Agitation und findet nicht meine Zustimmung.

These 61: Jeder kann alle Informationen erhalten

Das stimmt sicher. Was das Thema Zuwanderung betrifft, kann jeder mit mehr oder weniger Aufwand an Informationen herankommen; sowohl solche, die Multikulti unterstützen, also auch jene, die es kritisieren oder eine Ablehnung begründen.

Für die Wahrnehmung in der Öffentlichkeit kommt es aber nicht nur darauf an, dass Informationen grundsätzlich vorhanden sind und hin und wieder angeboten werden, sondern auch auf die Art und Weise und, ganz entscheidend, auch auf die Häufigkeit von deren Präsentation. Dabei drängt sich nun der Eindruck auf, dass man in einigen Bereichen sehr wohl von einer „Tendenzpresse" sprechen kann.

Wenn beispielsweise in Russland die Masse der Journalisten stramm nationalistisch eingestellt ist, sieht jeder leicht ein, dass auch deren Berichterstattung nationalistisch gefärbt sein wird. Wenn sich dagegen in Deutschland die Masse der Intelligenz, zu der sich die Journalisten natürlich auch zählen, nach wie vor eher links-intellektuell[118] und vermeintlich pro Multikulti positioniert, kann ebenfalls erwartet werden, dass die Berichterstattung tendenziell in diese Richtung geht.

Eine Bestätigung dieses Eindrucks lieferte beispielsweise Kai Gniffke, Chefredakteur der ARD-Tagesschau, in Bezug auf die Auswahl von Bildern über den Flüchtlingsstrom, als er zugab:

»Wir erwischen uns immer wieder dabei, wo wir sagen: 'Oh, das ist schon ein Tabu!' Da verfallen wir in bestimmte Mechanismen, die unbewusst zu einer veränderten oder nicht ganz korrekten Darstellung führen. Also Beispiel: Dass wir sagen, immer, wenn wir Flüchtlinge zeigen und wenn die dann als Beispiel vorkom-

> *men, dann sind das Familien. Meistens Frauen, Kinder. Tatsächlich ist es aber so, 80% sind kräftig gebaute, junge Männer, die dann überwiegend auch alleine kommen. Wie gesagt, die Berichterstattung sieht aber irgendwie sehr familiär aus.«*[119]

Ferner wird jeder, der Zweifel an der zur Schau gestellten Wir-schaffen-das-Einstellung hegt und äußert, wie selbstverständlich in die passende Schatulle sortiert, wofür etwa der honorige Journalist und Moderator des ZDF-heute-Journals Claus Kleber Ende Dezember 2015 ein Beispiel gab, als er die Ereignisse des abgelaufenen Jahres kommentierte mit:

> *»Hilfsbereitschaft, Empathie, Willkommen stellen in den Schatten, was Fremdenfeinde, Nationalisten und Zweifler auf die Straße bringt«.*[120]

Darauf hingewiesen, dass *»Zweifler«* gemeinhin nicht gleichzusetzen sei mit *»Fremdenfeind«* und *»Nationalist«* und schon gar nicht als deren Steigerungsform verstanden werden könne und vor allem aber, dass *»Zweifler«* einem guten, weil kritischen Journalisten eher sogar gut zu Gesicht stehe, ruderte er sogleich zurück.[121]

Eine derartige Berichterstattung kann sehr wohl zu einer mehr oder weniger subtilen Verzerrung der Darstellung für das Publikum führen.

These 62: Von einer Meinungsdiktatur der „Gutmenschen" kann keine Rede sein, sonst könnten Gruppen wie Pegida doch gar nicht demonstrieren

Zweifelsfrei kann gegen die aktuelle Zuwanderungspolitik demonstriert werden, was die Pegida-Demonstrationen tatsächlich beweisen. Genauso zweifelsfrei ist damit aber häufig auch eine Verunglimpfung derjenigen Bürger verbunden, die sich trauen, auf die Straße zu gehen und ihren Unmut offen kund zu tun. Um die Meinungsfreiheit einzuschränken, muss nicht unbedingt zu

Gesetzen und Repressionen gegriffen werden, sondern oft reicht auch eine Einschüchterung und gesellschaftliche Stigmatisierung, indem die Ansichten der Demonstranten als rückwärtsgewandt und engstirnig durch die vermeintlich „Guten" abgewertet werden.

Noch schwieriger ist es, eine adäquate politische Repräsentanz der Zuwanderungskritiker im politischen Spektrum zu finden. Welche Partei kann der Normal-Bürger wählen, wenn er trotz Ablehnung der ungezügelten Zuwanderung weder ungastfreundlich noch ausländerfeindlich oder gar Rassist und Rechtsradikaler ist? Die Alternative für Deutschland (AfD)? Schon bei deren erstem Auftreten als euro-kritische Partei wurde doch alles daran gesetzt, sie in die unmittelbare Nähe der NPD zu rücken. Wenn man sich die veröffentlichten Darstellungen ansieht, mit beachtlichem Erfolg. Inzwischen wird der AfD bereits von vielen ihre demokratische Legitimation abgesprochen, denn sie *»ist deutschlandfeindlich, europafeindlich, ausländerfeindlich, islamfeindlich und demokratiefeindlich«*.[122] Selbst, wenn die AfD in viele Parlamente einzieht, gehört sie nach Ansicht der echten Demokraten da auf keinen Fall hin. Somit kann sie für nicht-deutschlandfeindliche, nicht-europafeindliche, nicht-ausländerfeindliche, nicht-islamfeindliche und nicht-demokratiefeindliche Bürger, die trotzdem die aktuelle Zuwanderungspolitik für einen großen Fehler halten, nicht wählbar sein.

Dennoch wird immer wieder gefordert, auch Kritiker der Zuwanderung müssten ihre Vertreter im demokratischen Spektrum wiederfinden. Aber selbst, wenn sich CSU-Politiker kritisch äußern, werden sie mit dem Vorwurf des Populismus, der Hetze und der Spaltung überhäuft. Deshalb noch einmal: Was kann ein besorgter Bürger sagen, ohne gleich in die ganz rechte Ecke gestellt zu werden? Wen kann er ggf. wählen, ohne als Mitläufer von Hetzern zu gelten und sich den Vorwurf einzuhandeln, Populisten auf den Leim gegangen zu sein?

Diese antidemokratische Verteufelung aller Kritiker an der Zuwanderung führt definitiv zu einer ernsten Gefahr für die Demokratie, wie Professor Werner Patzelt, Politikwissenschaftler aus Dresden bereits 2015 festgestellt hat:

> *»Ich halte das wirklich für eine Achillesferse unserer Demokratie. Der Leitgedanke von repräsentativer Demokratie ist ja, dass im Parlament Ansichten, Prioritäten, Sorgen, Interessen der Bevölkerung halbwegs proportional zu ihrer tatsächlichen Verteilung im Volk repräsentiert werden, aber freilich nicht nur dort lautsprecherartig verstärkt, sondern auch das erfahren, was der Politikwissenschaftler Ernst Fraenkel einmal 'die Veredelung des empirisch vorfindbaren Volkswillens' genannt hat. Das heißt, dass man das Richtige vom Falschen, das Übertriebene vom Angemessenen sondert. Aber das Ganze findet derzeit im Bundestag eigentlich kaum statt. Der Bundestag sieht sich eher in der Rolle einer Gouvernante, die dem Volk sagt, was sich gehört und nicht gehört, und das hat etwa bei den Pegida-Demonstranten, aber, wie demoskopische Umfragen zu zeigen scheinen, auch weit darüber hinaus zum Eindruck geführt, die politische Klasse habe sich vom Volk entfremdet, wisse nicht mehr, was die Leute wirklich drückt, und infolgedessen züchten wir nun mehr und mehr eine antidemokratische oder zumindest diese Demokratie ablehnende Grundeinstellung. Das kann es ja nicht sein, was wir bei unserem Ringen gegen Rechtsradikalismus erreichen wollen«.*[123]

These 63: Rechte Hasskommentare im Netz untergraben die Debattenkultur

Das stimmt. Der Ton in der Diskussion wird unbestreitbar rauer. Wenn man beispielsweise in *»einschlägigen Blogs«* schaut, welche rassistische Hetze dort betrieben wird, kann einem Angst und Bange werden.

Der beliebte Verweis auf die *»einschlägigen Blogs«* und die sozialen Netzwerke zeigt allerdings auch, wie ein Medium, das aufgrund seiner Anonymität per se für ausfällige Gossensprache prädestiniert ist, instrumentalisiert wird, um die „Guten" als die einzig Aufrechten darzustellen, umgeben von einem geifernden, hasserfüllten, rechten Mob. Wer sucht seriöse Informationen aber ernsthaft bei Facebook, Twitter oder in Blogs? So wird (meist anonyme) Rüpelhaftigkeit im Internet herangezogen, um eine Empörung über eine heranrollende, braune Welle zu erzeugen.

Wenn man im Internet sucht, findet man natürlich alles, auch die schäbigsten Pöbeleien. Das gilt übrigens für „Meinungsbekundungen" aus allen Richtungen, nicht nur für die aus der rechten Ecke. Wem das nicht gefällt, der sollte sich darum bemühen, die Anonymität im Internet abzuschaffen. Wenn in Blogs nur noch mit (verifizierten!) Klarnamen und -adressen gepostet werden könnte, dann wären die meisten dieser Pöbler zu feige, ihren Rotz abzusondern. Ein Gesetz zu erlassen, welches die Anbieter der Internetforen dazu verpflichtet, hetzerische und kriminelle Kommentare eigenständig zu löschen, kann dem Problem dagegen kaum gerecht werden. Zum einen werden die Anbieter dadurch zu Richtern über „richtig und falsch" erhoben und zum anderen werden die Firmen – um möglichen Bestrafungen zu entgehen – in vorauseilendem Gehorsam sicher auch viele nicht kriminelle Äußerungen löschen.

Mit diesen Pöbeleien hausieren zu gehen, ist dagegen kein seriöser Beitrag zur Diskussion über Zuwanderung, sondern eine willkommene Gelegenheit, alle Andersdenkenden mithilfe der erzeugten Empörung in ein und denselben Topf mit dem indiskutablen, hetzerischen Gedankengut zu werfen.

Irgendwie beschleicht einen der Verdacht, dass hier vielleicht der Versuch unternommen wird, sich selbst wieder in der Rolle des Querdenkers und Unangepassten zu stilisieren. So, wie sich die Weltverbesserer immer gern gesehen haben: als die einzig aufrechten Kämpfer gegen eine dumpfe, träge Masse. Man wird von einem rechten Mob angegriffen, einem *»Pack«*, das hinter jeder Ecke lauert und immer frecher und unverschämter wird.

Und jeder, der auch nur vage darüber nachdenkt, ob es vielleicht doch ein Fehler sein könnte, vorbehaltlos so viele Flüchtlinge aufzunehmen, gehört zu diesem *»Pack«*, ist Teil dieser braunen Welle.

These 64: Die rechten Hetzer betreiben die Spaltung der Gesellschaft

Auch das stimmt. Die Hetzer vom ganz rechten Rand bemühen sich nach Kräften, die Gesellschaft zu spalten und die daraus entstehende Chaossituation für ihre Belange zu nutzen. Das ist aber nur die eine Seite der Medaille. Denn die Spaltung der Gesellschaft wird auch durch die andere, die gutmenschliche Seite betrieben. Ende 2014 kamen die ersten Proteste der Pegida-Bewegung in Dresden gegen die aktuelle Zuwanderungspolitik auf. Die Reaktionen darauf lauteten:

> *»Nationalisten und Rassisten, die Ängste der Menschen schüren und die Gesellschaft spalten wollen«*, ein paar *»Drahtzieher«* ansonsten *»Mitläufer«* (Thomas Oppermann), *»Abschotter«* und *»Hetzer«* (Frank Walter Steinmeier), ein *»kruder Haufen«* (Gerhard Schröder), *»komische Mischpoke«* (Cem Özdemir), *»unverschämt, frech, geschmacklos und missbräuchlich«*, *»politisch Enttäuschte und auch Verblödete«*, kurz der *»aufgerührte Sud der Gesellschaft«*, der *»wieder zum Bodensatz werden«* müsse, weil er nur das *»Tumbe«* *»nachbrüllt«* (Friedrich Schorlemmer) und so weiter und so fort.[124]

Um das ganz klar herauszustellen: Offenbar haben etliche der Organisatoren und einige Teilnehmer der Pegida-Demonstrationen tatsächlich kriminelle oder rechtsextreme Hintergründe. Deren Äußerungen sind zum Teil unter aller Kanone. Denen muss in den Arm gefallen werden. Auch all die Neonazis, die natürlich die Gunst der Stunde nutzen und sich unter die übrigen Protestierer mischen, finden nicht meine Zustimmung. Jedoch zeigt die Reaktion der politisch korrekten Meinungsmacher meines Erachtens eine vereinfachende Schwarz-Weiß-Malerei, die keine Auseinandersetzung darstellt, sondern nur zu einer bequemen Aufteilung in „gut" und „böse" führt, hier diejenigen, die ernst zu nehmen sind, dort die Hetzer und Verführten, hier die Anständigen, dort die Unanständigen.

Die geschilderten Verunglimpfungen zahlreicher besorgter Bürger wurden bereits bis zur Jahreswende 2014/15 zum Besten gegeben, also deutlich vor Beginn der Massenzuwanderung ab Mitte 2015. Inzwischen hat die Radikalisierung längst eingesetzt – und das ist nicht allein den echten rechten Hetzern und Populisten zuzuschreiben! Die AfD rückt seit dem Austritt der ursprünglichen Galionsfiguren Lucke, Henkel, Starbatty u. a. immer weiter nach rechts, aber sie und Pegida bieten nach wie vor die einzige politische Plattform, um sich klar gegen die als zu viel empfundene Zuwanderung auszusprechen. Jedoch den politisch Korrekten – auch so will ja keiner mehr bezeichnet werden – in Politik, Medien und Öffentlichkeit fällt nichts Besseres ein als die Verengung auf: Populisten, Hetzer, Ängsteschürer, Rassisten, Verfassungsfeinde und einige zwielichtigen Vertreter von Pegida und AfD. Dadurch braucht man sich mit der gesamten Protesthaltung, die hinter den vielen Menschen steht, gar nicht mehr ernsthaft auseinanderzusetzen. Geht man so mit der freien Meinungsäußerung um, wenn man diese wirklich respektieren und *»die Ängste der Menschen ernst nehmen«* würde?

Regelrecht unverfroren wirkt die „differenzierte Betrachtung" der Gesinnungsbürger[P] bei der Empörung über bestimmte Begriffe wie *»Entsorgung«* oder *»Arschlöcher«* oder über die Unart, den politischen Gegner bei öffentlichen Auftritten niederzubrüllen bzw. durch Pfeifen jede Kommunikation unmöglich zu machen. Beides geht völlig in Ordnung, wenn es von den „Richtigen" gebraucht und angewandt wird (zum Beispiel gegen AfD-Politiker oder, man erinnere sich, von Demonstranten, denen sich Helmut Kohl bisweilen gegenübersah), während es einen Sturm der Ent-

---

[P] Alternativausdruck des Tübinger Oberbürgermeisters Boris Palmer (Grüne) für „Gutmenschen".

rüstung lostritt, sobald die „Falschen" (also die rechten Hetzer) sich derartiger Verhaltensweisen bemächtigen.

Dann wird behauptet, diese rechten Hetzer würden derartige Provokationen bewusst absondern, von denen sie sich anschließend wieder distanzierten, nur um Aufmerksamkeit zu erregen. Das kann durchaus sein. Diese Taktik ist jedoch auch keine Erfindung der rechten Hetzer, sondern wurde von „guten Demokraten" im öffentlichen Diskurs ebenfalls des öfteren angewandt.

Und überhaupt: Wenn man diese perfide Masche so klar durchschaut, warum springt man dennoch jedes Mal über dieses Stöckchen und erregt sich so eklatant an den vermeintlichen Provokationen? Man könnte sie doch ganz einfach ins Leere laufen lassen, indem man sich gar nicht erst darum scheren würde. Sollten die rechten Hetzer durch gewusste Provokationen tatsächlich Aufmerksamkeit gewinnen und Eindruck beim einfältigen Wählerpublikum machen können, dann grenzt dieser rituelle Empörungsreflex doch geradezu an politischen Masochismus.

Oder steckt da eine eigene, ganz andere Taktik dahinter? Kommen die Provokationen vielleicht sogar sehr gelegen? Bietet die Skandalisierung einzelner Begriffe doch die wunderbare Gelegenheit, von den wirklichen, den zugkräftigen Argumenten abzulenken. Je lauter das Geschrei darüber, desto weniger muss man sich mit den wichtigen Aussagen befassen. Noch besser: Man kann den *»Nazijargon«* lauthals anprangern und die unangenehmen Widersacher sind noch leichter in den Nazi-Sack zu stecken.

Vor diesem Hintergrund erscheint der Vorwurf, allein die Kritiker der Zuwanderung seien für die Verrohung der Umgangsformen bei der politischen Auseinandersetzung verantwortlich, geradezu absurd. Die verwendeten Beschuldigungen sind die schlimmsten, die im Diskurs unserer demokratischen Gesellschaft überhaupt möglich sind. Und bei jeder noch so kleinen Äußerung gegen Multikulti wurden und werden diese schwersten verbalen Geschütze der Verfassungstreuen gegen die vermeintlichen

Feinde der Demokratie aufgefahren – ohne Maß und ohne Differenzierung. Bei Personen der Öffentlichkeit führt eine solche Verurteilung dann nicht selten zum medialen Todesurteil. Der „kleine Mann" und die „kleine Frau" fühlen sich mindestens bevormundet und schulmeisterlich gemaßregelt, oft genug sogar regelrecht diffamiert.

Und da wundert sich noch jemand über die Eskalation der Auseinandersetzung? Wie gesagt, es gibt Hetze von Rechts, welche dazu und zur Spaltung der Gesellschaft beiträgt. Aber die Eskalation der Umgangsformen wird auch dann maßgeblich befördert, wenn Andersdenkende von vorn herein mit den schlimmsten Begriffen traktiert werden, mit welchen Demokraten ihren politischen Gegnern überhaupt belegen können.

Kapitel H   Volksentscheide

These 65: Hochemotionale Themen wie die Zuwanderung sind für Volksentscheide nicht geeignet

Offensichtlich ist es nicht gewünscht, das Volk selbst über eine so weitreichende und grundlegende Veränderung wie die massenhafte Zuwanderung fremder Menschen in die Gesellschaft entscheiden zu lassen. Denn das Volk ist ja so einfältig, dass es Populisten und Rattenfängern zu leicht auf den Leim geht. Wer die wirklich offene Diskussion scheut und Angst vor Populismus und den Stammtischen hat, ist sich offensichtlich seiner Sache doch nicht so sicher und hat mindestens auch ein seltsames Verständnis von echter Demokratie, nämlich der Entscheidung des Volkes als einzigem Souverän in einer Demokratie.

Die tatsächlich dumpfen Parolen sind zwar nicht aus der Welt, aber im Wesentlichen auf Internet-Blogs, einzelne Demos und eher kleinere Zirkel bis hin zu privaten Zusammenkünften (zum Beispiel am Stammtisch) beschränkt - will sagen, nichts davon besitzt die Ernsthaftigkeit und hat die breite Öffentlichkeitswirkung der auf Linie befindlichen Medien. Zur Beruhigung kann nämlich noch immer festgestellt werden: Die multikulturellen Ideen haben nach wie vor die eindeutige Hoheit über die Leitmedien. Funk, Fernsehen, Presse, Öffentlichkeit werden dominiert von politisch korrekten Ansichten. Zwar kommen angesichts der Flüchtlingswelle 2015/16, sowie der fortgesetzten Terroranschläge zunehmend auch kritischere Stimmen zu Wort, weil einigen doch etwas bang ums Herz wird, ob das wirklich alles zu schaffen ist. Aber in seriösen Medien überwiegen Beiträge mit Beschwörungen der Willkommenskultur und unserer humanitären Verpflichtung aufgrund unserer Werte, mit Positivbeispielen, mit Ermutigungen der Gleichgesinnten und Herabwürdigungen der Andersdenkenden.

Aber trotz dieser „Lufthoheit" über die Leitmedien hat man immer noch Angst vor dem einfältigen, verführbaren Volk!

These 66: Komplexe Themen wie die Zuwanderung können nicht auf einfache Ja/Nein-Entscheidungen reduziert werden

Volksabstimmungen werden immer wieder heiß und kontrovers diskutiert. Zum Teil mit Recht, denn die Fragestellungen sind meistens sehr komplex, müssen aber für ein Plebiszit auf „ja" oder „nein" heruntergebrochen werden. Das wird in den allermeisten Fällen weder dem Thema gerecht, noch kann man dann wirklich „bessere" Entscheidungen, sprich aussagekräftigere Angaben über den tatsächlichen Willen des Souveräns, also der Millionen von Wählern, erwarten. Aber auch dafür kann es eine Lösung geben: Bei Kommunalwahlen wird uns Wählern das sogenannte „Kumulieren und Panaschieren" zugemutet. Dabei erhält man einen tapetengroßen Wahlzettel mit unzähligen Namen darauf. Die vielen Namen sind nach Parteilisten geordnet, und man darf nicht nur ein, sondern viele Kreuzchen machen, wodurch die Stimmgewichtung etwas bunter und vielleicht dem Parteiproporz etwas entgegen gewirkt wird. Ein weiteres Ziel der ganzen Prozedur ist es, den Wählern mehr Mitsprache einzuräumen und dadurch der allerorten grassierenden Politikverdrossenheit zu begegnen.

Wer als verantwortungsbewusster Staatsbürger wenigstens versucht, das Ganze ernst zu nehmen, geht verzweifelt die endlosen Listen von Namen durch, in der Hoffnung, doch noch den einen oder anderen schon mal gehört zu haben. Aber in aller Regel kann jeder, der nicht selbst in der aktuellen Lokalpolitik aktiv ist, froh sein, wenn er wenigstens drei oder vier überhaupt kennt, geschweige denn, dass er eine Ahnung hat, welche individuellen politischen Ideen und Gedanken sich dahinter verbergen. Also schaut man doch wieder nach den Parteien. Aber da kann man seine Kreuzchen zumindest etwas verteilen, damit nicht immer nur die Platzhirsche alle Stimmen bekommen. Beim

Verlassen der Wahlkabine beschleicht einen jedes Mal das Gefühl, dass das weniger eine gelungene Maßnahme gegen die Politikverdrossenheit ist als vielmehr eine gewaltige Papierverschwendung.

Demgegenüber könnte das Kumulieren und Panaschieren tatsächlich eine Vorlage für eine Verbesserung der Mitbestimmung des großen Wahlvolkes sein. Nähme man die „Wahltapeten" für Volksabstimmungen her und setzte nicht endlose Namenkolonnen darauf, sondern inhaltliche Fragen, dann könnte ein Thema sehr tief und detailliert erfasst werden. Sehr viele Teilaspekte könnten einzeln bewertet und gewichtet werden, wodurch man dem berühmten Wählerwillen deutlich näher käme als durch alle anderen Wahlkampagnen, die sonst im mehrjährigen Rhythmus auf dem Plan stehen. Fragwürdigen Verknüpfungen zwischen gewählter Partei und deren gesamtem Wahlprogramm mit einzelnen, sehr kontrovers diskutierten Sachverhalten, wie etwa dem Sieg von CDU/CSU und FDP bei der Bundestagswahl 2009 und der Frage des Atomausstieges, würde ein ganz klarer Riegel vorgeschoben.

These 67: Den meisten Bürgern fehlt der Überblick über die juristischen, politischen und gesellschaftlichen Folgen von derart komplexen Themen

Das stimmt sehr wahrscheinlich. Den allermeisten Normal-Bürgern fehlen die notwendigen juristischen Kenntnisse - ganz abgesehen von der Fähigkeit zur Abschätzung der politischen und gesellschaftlichen Folgen von derart komplexen Themen. Aber sind solche Referenden deshalb nicht praktikabel?

Kurioserweise läuft es in der Realpolitik genauso: Gewählte Abgeordnete bekommen jeden Tag Unmengen von Unterlagen aus den verschiedensten Bereichen zur Entscheidung auf den Tisch, die sie nie alle lesen, geschweige denn in die sie sich intensiv einarbeiten können. Deshalb stützen sie sich auf Fachleute und Kollegen, die sich besser auskennen. Leider ist so mancher

„Fachmann" dann oft kein neutraler Berater, sondern Lobbyist mit ganz klaren Eigeninteressen, die nicht immer die beste Lösung vor Augen hat, sondern gern auch davon abweichende Ziele verfolgt (vorsichtig ausgedrückt). Beispielsweise wurde im Zuge der Griechenlandkrise immer wieder dargelegt, wie Abstimmungen durchgeführt wurden, von deren inhaltlicher Tiefe die wenigsten Volksvertreter einen blassen Schimmer hatten. Dennoch wurde jeder Einzelne aufgefordert, über diese hochkomplexen Fragestellungen abzustimmen. Aber das Volk ist zu dumm, sich über die Fragen der Zuwanderung eine ausreichend differenzierte Meinung zu bilden?

So deutlich darf man das natürlich nicht sagen. Dennoch kann der einfache Bürger die ganze Tragweite solcher Probleme nicht überblicken und daher würde den Populisten Tür und Tor geöffnet und eine Volksabstimmung würde den Stammtischen eine Plattform bieten, auf der sie ihre abscheulichen Parolen hinausposaunen könnten.[125] Wovon lebt die Demokratie? Vom Wettstreit der Meinungen und davon, dass jeder seine Meinung offen und möglichst gleichberechtigt vorbringen kann, um die Bürger zu überzeugen und sie anschließend darüber abstimmen zu lassen. Warum wird dieses Grundprinzip der demokratischen Meinungsbildung bei der weitreichendsten Entwicklung, die Europa seit dem Zweiten Weltkrieg erfasst hat, so vehement verabscheut? Wirklich nur um den Populisten möglichst keine Angriffsfläche auf der breiten Front der emotionalen Empfindungen des einfachen Volkes zu bieten? Sollen diese Schmuddelkinder gefälligst in der Schmuddelecke bleiben, in die auch alle gehören, die vielleicht keine originär rechten Hetzer sind, die aber Multikulti und der fortgesetzten Zuwanderung nicht vorbehaltlos zustimmen!

These 68: Die gesellschaftliche Spaltung muss überwunden werden

Gerade die große Herausforderung des multikulturellen Miteinanders ist nicht allein politisch oder gar juristisch rational zu lösen, weil neben der wirtschaftlichen Prosperität in erster Linie emotionale Gesichtspunkte über Akzeptanz oder Ablehnung, über Wohl und Wehe entscheiden. Selbst bei relativ klar rational zu treffenden Entscheidungen, wie etwa bei der Kontroverse um den neuen Bahnhof „Stuttgart 21", waren schon bald nach Ausbruch der Proteste weder technische, juristische noch wirtschaftliche Kompetenzen gefragt. Selbst die Schlichtung durch den alten Haudegen Heiner Geißler führte nicht zu einer Befriedung, sondern erst die Befragung der Bürger konnte unmissverständlich klären, was Volkes Wille ist und die Wogen einigermaßen glätten.

Die Emotionen werden bei der Zuwanderung aber noch sehr viel mehr angeschlagen als bei einem Bauprojekt, welches letzten Endes nur Geld verbrennen würde. Das Auseinanderdriften der Gesellschaft aufgrund der hohen Zuwanderung, wie es vom Harvard-Professor Robert Putnam wissenschaftlich beschrieben wurde, der Gegensatz zwischen Befürwortern und Ablehnern, darunter die vorsichtig Skeptischen bis hin zu den Radikalen vom rechten Rand, diese Konfrontation, die jetzt schon mit Händen zu greifen ist und ständig zunimmt, kann längst nicht mehr allein durch Argumente und rationale Abwägungen beigelegt werden, sondern wenn überhaupt, dann nur noch durch eine Entscheidung des ganzen Volkes.

Diese Entscheidung darf aber nicht überlagert werden von anderen Gesichtspunkten, indem nur die aktuell etablierten Parteien zur Wahl gestellt und inhaltliche Fragen (hier der Zuwanderung) mit allen anderen Aspekten des politischen und gesellschaftlichen Lebens verquickt werden.

Selbst auf europäischer Ebene droht die Frage des Umgangs mit dem Flüchtlingsstrom das Wenige, was an Einigung und Zusammengehörigkeitsgefühl bisher erreicht wurde, wieder zu zerschlagen, wenn allein Deutschland die Marschrichtung angeben will, ohne die anderen Mitgliedsländer mitbestimmen zu lassen und in dem diese stattdessen nur als unsolidarisch beschimpft werden.

126

Kapitel I   Schuld und Sühne

These 69: Der Kolonialismus des Westens hat die Völker der Welt nicht nur ihrer Rohstoffe, sondern auch ihrer Chancen beraubt

Wenn vom Kolonialismus die Rede ist, wird oft der Eindruck erweckt, die europäischen Kolonialmächte hätten über Jahrhunderte fast die ganze Welt unterjocht und den unterlegenen Völkern ihren Willen aufgezwungen und aus dieser Vergewaltigung im großen Stil resultierten auch die großen Probleme in den postkolonialen Ländern, bis heute. In gewissen Zeiten und einigen Gegenden war dies auch tatsächlich der Fall. Im neu entdeckten Amerika wurden bestehende Kulturen fast ausnahmslos unterdrückt, verdrängt oder zum Teil sogar ausgerottet. Ähnliches gilt für die Inbesitznahme Australiens und das Los der Aborigines. In Asien und Afrika liegen die Dinge aber anders. Da wir das Thema Migration behandeln und der Migrationsdruck derzeit am stärksten und dauerhaftesten aus den ehemaligen afrikanischen und südasiatischen Kolonien auf den europäischen Gesellschaften der Gegenwart lastet (abgesehen von eher „episodischen" Wanderbewegungen durch Kriege, wie in Vietnam, auf dem Balkan, in Syrien oder Afghanistan), wollen wir uns das am Beispiel Afrika einmal genauer ansehen:

Entgegen der landläufigen Vorstellung der jahrhundertelangen Okkupation begann die europäische Landnahme in Afrika erst nach 1875 bis 1880. Abgesehen von den Buren (holländische Auswanderer) in Südafrika, die dort schon sehr früh sesshaft wurden, einem französischen Versuch im 17. Jahrhundert am Senegal-Fluß und einigen Unternehmungen der Portugiesen an der ostafrikanischen Küste hatten sich die Europäer über lange Zeit nur auf einige Handelsstationen an den Küsten beschränkt und sich nicht weit ins Landesinnere hineingewagt.

Dagegen hatten die Araber bis dahin sehr viel wirkungsvoller in die afrikanischen Geschicke eingegriffen. Sie hatten Nordafrika im Sturmlauf erobert und ihren Machtbereich über die Sahara weit nach Süden ausgedehnt. Möglicherweise hat die TseTse-Fliege ihrem Eroberungsdrang Einhalt geboten, denn in den Subsahara-Regionen wurden seit jeher Mensch und Tier von Krankheiten dezimiert, und besonders Lasttiere fielen ihnen zum Opfer. Die Araber als klassisches Reitervolk wollten sich offenbar nicht mühselig zu Fuß durch Savannen und Urwald schleppen, also endete ihre Einflusssphäre südlich der Sahara und jenseits der ostafrikanischen Küstenregionen.

Zwar eroberten die Franzosen bereits 1830 weite Landstriche in Nordafrika, aber die Landnahme im großen Stil setzte, wie bereits erwähnt, erst sehr spät, zum Ende des 19. Jahrhunderts, ein, also im Zeitalter des sogenannten klassischen Imperialismus. Das Interesse der Europäer an Afrika beschränkte sich bis dahin neben dem Handel mit den küstennahen Einheimischen lange Zeit vor allem auf Forschungsreisen ins Innere des Kontinents und die Errichtung christlicher Missionsstationen. Selbst zum Zeitpunkt der berüchtigten Berliner Kongokonferenz 1884/85, bei welcher der gesamte Kontinent an die europäischen Kolonialmächte verteilt wurde, bestanden die meisten „Besitzungen" südlich der Sahara eher auf dem Papier und in Absichtserklärungen als in real beherrschten Hoheitsgebieten.[126] Wo es etwas umsonst gibt, will keiner zu kurz kommen, weshalb alle so schnell wie möglich versuchten, sich möglichst viel vom Kuchen zu sichern, bevor ein anderer seine Hand danach ausstreckte. Es ging also oft mehr um nationales Prestige als um verwertbare (Wirtschafts-)Interessen, denn die Kolonien erwiesen sich als gar nicht so lukrativ für die neuen Herren wie von vielen erwartet. Stattdessen mussten die Europäer zunächst umfangreiche Investitionen tätigen, um überhaupt Zugang zu den Gebieten zu erhalten. Allein Frankreich baute bis 1920 in Französisch-Westafrika 20.000 km Straßen und bis 1940 sogar 100.000 km und 4.000 km Eisenbahnschienen.[127]

Aber auch die Befriedung der lokalen Auseinandersetzungen erforderte hohen Einsatz und war oft nur mit dem Einsatz von Militär möglich, wie etwa die Befriedung der Aschanti, die als Sklavenjäger im heutigen Ghana auf die Idee kamen, ihre bisherigen Zwischenhändler zu den Europäern, die an der Küste beheimateten Fanti zu unterwerfen und zu vertreiben. Die Briten hatten von 1806 bis 1902 fast einhundert Jahre lang damit zu tun und mussten mehrere Kriege gegen die ihrer Wirtschaftsgrundlage (der Sklavenjagd) beraubten Aschanti führen, bis diese endlich Ruhe gaben. Ohne diese Intervention hätten die Fanti wahrscheinlich nicht überlebt.[128]

Die Kolonialzeit soll nicht verharmlost werden, es war eine Zeit der gewaltsamen Herrschaft über fremde Landstriche, die mitunter zur brutalen Ausbeutung und Unterdrückung der einheimischen Bevölkerung führte und tradierte, vorkoloniale Strukturen teilweise erheblich durcheinanderwirbelte. So werden für die zerrütteten Verhältnisse in den heutigen Ländern Afrikas u. a. oft die Grenzziehungen der Kolonialmächte verantwortlich gemacht, die Siedlungsgebiete von Familien und Stämmen ungeachtet etwa ihrer ethnischen Zugehörigkeit willkürlich zerschneiden und Gruppen in ein Staatsgebilde zwingen, welche besser getrennt voneinander organisiert wären. Das ist sicher eine der schwersten Hypotheken, die auf vielen Ländern lastet, aber vor dem geschichtlichen Hintergrund Afrikas erscheint es durchaus fraglich, ob die Grenzziehungen wirklich allein so entscheidend waren für die heutigen Missstände und Auseinandersetzungen. Erstens konnten die Afrikaner mit dem Staatsverständnis, wie es den europäischen Nationen zugrunde liegt, lange Zeit gar nichts anfangen, also waren ihnen auch die eigenen Staatsgebilde nicht im Mindesten von so großer Bedeutung wie etwa die Familien- oder Stammeszugehörigkeit und zweitens brauchten sie keinen solchen, zusätzlichen Anlass, um sich gegenseitig zu bekriegen, das konnten sie auch schon vorher mit großer Hingabe.

Deshalb kann die weit verbreitete Ansicht, die Kolonialzeit sei die reine Hölle für die Untertanen und Ursache allen Übels in Afrika gewesen, so nicht stehen bleiben, erst recht nicht, wenn man die Alternativen ins Auge fasst, die ohne Eingreifen der Europäer durchaus wahrscheinlich gewesen wären, nämlich Fortschreibung der vorkolonialen Verhältnisse mit allgegenwärtiger Sklaverei und permanenter gegenseitiger Bekriegung.

These 70: Der Westen hat die Zustände verursacht, welche Menschen beispielsweise in Afrika zur Flucht treiben

Die meisten Stämme und Völker Afrikas lebten, bevor die europäischen Kolonialmächte die Hoheit errangen, unter ständiger, gegenseitiger Bedrohung. Fast alle gingen (zu irgendeinem Zeitpunkt ihrer Geschichte) auf Raubzüge, um Sklaven zu fangen und alle konnten selbst zu Sklaven werden, wenn sie in die Fänge der Nachbarn gerieten, und immer wieder kam es zur Verschleppung oder Ausrottung ganzer Dörfer und Stämme.

Diese permanenten kriegerischen Auseinandersetzungen, die geradezu zum afrikanischen „Geschäftsmodell" gehört haben, da sie Gelegenheit boten, immer genügend Gefangene zu machen, wurden erst von den Kolonialmächten mehr und mehr unterbunden. Ferner ist es zweifelhaft, ob die Afrikaner die Geißel der rituellen Menschenopfer und der Sklaverei ohne die Europäer je abgeschüttelt hätten, denn in den Gebieten, in denen die Europäer erst sehr spät und nicht so dominant Fuß fassten, trieben afrikanische und arabische Sklavenhändler noch sehr lange ihr Unwesen. Zum Beispiel stießen europäische Forschungsreisende wie Livingstone, Speke, Stanley oder der deutsche Kolonialpolitiker Carl Peters auch gegen Ende des 19. Jahrhunderts im noch unerforschten Zentral- und Ostafrika immer wieder mit den Sklavenhändlern und deren Interessen zusammen.[129] Wie sehr die Sklaverei im Verständnis der Afrikaner verwurzelt war, zeigte auch die Reaktion vieler Sklaven selbst, die nicht nur begeistert von ihrer durch Europäer proklamierten Freiheit gewesen sein mögen:

> *»So machte sich Baker [Samuel White Baker, der Entdecker des Albertsees] die Sklavenhändler, die bisher vom Sklavenhandel gelebt haben, zu Feinden - ohne*

die Sklaven als Freunde zu gewinnen. [...] Die Zerstö-
rung der gewohnten Wirtschaftsordnung, deren Basis
der Sklavenhandel ist, bringt Unfrieden mit sich und
löst sogar Krieg aus. Die Welt am oberen Nil ist so ge-
ordnet, daß arabische Sklavenjäger von Gondokoro
aus nach Süden vordringen, in das Siedlungsgebiet
der Negerstämme. Sie fangen die jungen Frauen und
Männer, bringen sie nach Karthum und verkaufen sie
als Arbeitssklaven oder als Mädchen, die in den Ha-
rem eingewiesen werden. Niemand hat das Gefühl,
Unrecht zu tun. Den Negern erscheint das Schicksal,
aus den Sumpfdörfern herauszukommen, um an-
derswo als Abhängige leben zu müssen, nur selten als
furchtbar. Gepeinigt werden die Neger auch von den
eigenen Herren.«[130]

Selbst die Verhaltensweise der korrupten und oft brutalen Herr-
scher-Clans der Gegenwart weisen nicht nur auf Versäumnisse
oder gar Verschulden der Kolonialherren hin, sondern auch auf
ein seit Jahrhunderten etabliertes Verhalten: Die meisten
Stämme oder Clans versuchten, sobald sie dazu in der Lage
waren oder durch äußere Umstände gezwungen wurden, sich
auf Kosten ihrer Nachbarn zu bereichern und gingen dabei mit
altbewährter Brutalität vor. Zwar gab es in der vorkolonialen Zeit
auch Regelungen und Traditionen, welche die despotische
Macht etwa eines Herrschers regulierend einschränken konnten
(zum Beispiel begrenzte „Amtszeiten" und eingeschränkte
Machtbefugnisse innerhalb des eigenen Stammes), aber diese
werden gern romantisierend überbewertet. Die Herrschaftsstrukturen bauten nun mal oft auf Sklaverei auf und die Unterdrückung und Versklavung der Nachbarn wurde ebenso oft als
selbstverständlich angesehen.[131]

Die flächendeckende Kolonialisierung Afrikas durch die Europäer währte nur ca. 60 - 70 Jahre, weniger als die Spanne eines
(westeuropäischen) Menschenlebens, und konnte am Verhalten
der jeweiligen Machthaber und der Feindschaft zwischen den

verschiedenen Gruppen nur wenig ändern. So ergab die Untersuchung von mehr als achtzig Konflikten aus der Zeit vor 1600 und aktuellen Auseinandersetzungen, dass viele dieser Unruheherde miteinander korrelieren. Es sieht demnach so aus, dass sie sich seit über 400 Jahren über die Kolonialzeit hinweg bis heute durchziehen.[132] Angesichts der Jahrhunderte, welche wir Europäer benötigten, um von derartigem Gebaren wenigstens einigermaßen (und unvollständig, wie sich immer wieder zeigt) Abstand zu nehmen, ist das auch kein Wunder.

Die wechselvolle Geschichte zeigt, dass die Afrikaner nicht nur in Sachen Handel, Kultur und Wohlstand den Zeitgenossen in Europa, dem Nahen Osten oder Asien in nichts nachstanden, sondern auch in Bezug auf die Aggression gegenüber den unmittelbaren Nachbarn. Ebenso wie überall versuchte jeder, der sich stark genug fühlte, seinen Macht- und Einflussbereich auf Kosten der Nachbarn auszudehnen und jeder musste jederzeit darauf gefasst sein, vom Nachbarn angegriffen, erschlagen oder versklavt zu werden.[133]

These 71: Der Westen hat auch die Zerrüttung der arabisch-muslimischen Länder maßgeblich mitverursacht

Die Araber stöhnten jahrhundertelang unter der Knute der Osmanen, die, wie die Araber, dem Islam angehörten. Würden die Araber heute zu den Türken gehen und ihnen Vorwürfe wegen der brutalen Unterdrückung während der Osmanenherrschaft machen, würden die Türken ihnen bestenfalls den Vogel zeigen. Der Leiter des Berlin-Instituts für Bevölkerung und Entwicklung, Reiner Klingholz, macht sogar die Herrschaft der Osmanen ganz maßgeblich für den Niedergang des arabischen Raumes verantwortlich, weil der osmanische Sultan Bayezid II. 1485 die Nutzung des Buchdrucks in den arabischen Ländern verboten habe und sich damit keine breite „Lese- und Schreibkultur" wie in Europa (besonders in den protestantischen Ländern) habe entwickeln können. Dadurch sei die Verbreitung von Wissen über

Jahrhunderte behindert worden. Diesen Rückstand habe die arabische Welt bis heute nicht aufholen können.[134]

Die Herrschaft der europäischen Kolonialmächte, vornehmlich Englands und Frankreichs, währte dagegen in großen Teilen des arabischen Raumes nur ein paar Jahrzehnte, war in ihrer Grausamkeit und Brutalität nicht im Mindesten mit jener der Türken vergleichbar und ermöglichte einen, vom algerischen Befreiungskampf abgesehen, relativ friedlichen Übergang in die Unabhängigkeit - aber der Westen wird verteufelt.

In den letzten Hunderten von Jahren wurden bei weitem die meisten Muslime von Muslimen getötet, nicht von Christen, aber der Westen wird verteufelt. Allein Saddam Hussein hatte mehr Muslime auf dem Gewissen als alle Westimperialisten zusammen. Auch in Afghanistan, Syrien, dem Irak oder Jemen werden in der Hauptsache Muslime von Muslimen getötet. Trotzdem trägt der Westen in der Wahrnehmung der Welt an allem Elend die Hauptschuld, weil das Augenmerk fast ausschließlich auf die jüngste Vergangenheit gelegt wird, in der beispielsweise die Interventionen unter amerikanischer Führung sicher ihren Beitrag zur Zerrüttung einiger arabischer Länder geleistet haben. Das erklärt aber nur einen Teil der Situation – und ist nicht einmal die halbe Wahrheit. Der Münsteraner islamische Reformtheologe Mouhanad Khorchide nennt die Neigung vieler Muslime, den Westen für jedwede Misere in der Welt – und besonders in der islamischen Hemisphäre – verantwortlich zu machen, ein *»verschwörungstheoretisches Konstrukt«* und *»westophob«*.[135]

These 72: Der Westen muss selbstkritisch seine Fehler eingestehen

Selbstreflexion ist eine vornehme Eigenschaft. Die Art und Weise sowie das Maß, mit dem die Schuld an allen Verfehlungen, an allen Irrungen und Wirrungen der Welt, immer zuerst beim Westen gesucht und gefunden wird, erinnert aber auch wieder an frühere Stereotype der linken Bessermenschen-Szene: Was seinerzeit der verhasste *»Schweinestaat«* war, ist heute der »globale Norden«, worunter Westeuropa und Nordamerika verstanden werden (Russland und China werden davon explizit ausgenommen!).

Diese tief verwurzelte Ablehnung und Verteuflung alles Westlichen durch Vertreter und Nutznießer der westlichen Wohlstandskulturen selbst hat natürlich auch Folgen. Nicht nur hinterlässt es einen fahlen Eindruck auf andere, wenn der Westen bei jeder noch so kleinen Gelegenheit gegeißelt wird, wodurch auch die vorbildlichen Eigenschaften der westlichen Kultur nicht wirklich zum Nachahmen empfohlen werden.

Darüber hinaus finden sich nach so einer permanenten Selbstgeißelung auch nur wenige, die bereit sein könnten, die westlichen Errungenschaften zu verteidigen, wenn dies notwendig wird. Diese im Vergleich zu allen anderen Kulturkreisen völlig ungerechtfertigte Verachtung des Westens von vielen Vertretern des Westens selbst bleibt daher nicht ohne Konsequenzen, wie Carlo Strenger, schweizerisch-israelischer Professor für Psychologie an der Universität Tel Aviv feststellt:

> *»Ich glaube, dass die gemäßigten politischen Kräfte inklusive der Linken durch die Ideologie der politischen Korrektheit vollkommen gelähmt worden sind. Diese sagt erstens, dass keinesfalls irgendwelche anderen Kulturen - vor allem, wenn sie nicht-westlich sind - kritisiert werden dürfen. Man muss ihnen gegenüber immer empathisch sein. Zweitens, dass letztlich die gar nie eine Verantwortung dafür haben, was bei ihnen sich abspielt. Die Frage ist dann immer: Was haben wir, was hat der Westen falsch gemacht, dass es denen so schlecht geht? Die Kombination dieser beiden Thesen führt dazu, dass die eigene Kultur immer als schuldig betrachtet wird und als Resultat die eigene Kultur nicht verteidigt werden kann.«*[136]

These 73: Der Westen trägt große Verantwortung für die zukünftige Entwicklung in den Herkunftsländern der Migranten

Die weit verbreitete Vorstellung, der Westen trage an allem Übel der Welt Schuld und habe deshalb die unbedingte Verantwortung, alles auch wieder zu richten, ist – wie wir oben gesehen haben – falsch. Der Westen beziehungsweise der „globale Norden", wie eher wissenschaftliche Vertreter dieses Schuldnarrativs sich gerne ausdrücken, trägt ohne Zweifel Verantwortung für sein Handeln. Dabei ist er dringend aufgefordert, die schädlichen Aspekte seines Handelns nach Kräften zu beseitigen oder wenigstens abzumildern.

Jedoch: Tiefgreifende Verhaltensänderungen sind leichter gefordert, als umgesetzt. Allein um die von den EU-Europäern zu verantwortenden Ursachen für die Armut wirkungsvoll zu vermeiden, müsste die EU sich geradezu neu erfinden. Der EU gelingt es nicht einmal, den Sitz des europäischen Parlamentes von Straßburg nach Brüssel zu verlegen, um unnötige Fahrerei der Abgeordneten und beträchtliche Kosten zu sparen. Wer will sich da mit kampferprobten Interessengruppen wie französischen Bauern, spanischen Fischern, der deutschen Autoindustrie, mit der britischen Finanzlobby und so weiter und so fort anlegen? Noch dazu mit allen auf einmal.

Auch wenn mit einer solchen Kursänderung die Ausbeutung der Entwicklungsländer verringert werden könnte, rechtfertigen müssten die Verantwortlichen, diejenigen also, die so ein begrüßenswertes Vorgehen durchsetzen wollten, ihr Handeln vor den eigenen, den europäischen Wählern und vor den möglichen Arbeitslosen in den betroffenen Branchen. Würden sie mit so einem Wahlprogramm überhaupt die Mehrheit gewinnen und an die Macht gelangen? Wohl kaum.

Noch geringer werden die Chancen zum Verhindern von Missständen, die andere verursachen. Wie wollen wir etwa indisches, chinesisches oder saudi-arabisches „land grabbing" in Afrika verhindern?[137]

135

Um das aber dennoch ganz deutlich zu sagen: Der Westen sollte unbedingt die von ihm zu verantwortenden Missstände abstellen, das liegt in seiner Verantwortung. Dabei muss uns klar sein, dass wir zwangsläufig früher oder später von unserem hohen Lebensstandard herunterkommen und viel von unserem lieb gewonnenen Wohlstand abgeben müssen, wahrscheinlich sogar so viel, dass uns Hören und Sehen vergehen wird.

Wer aber behauptet, der Westen trage an den Miseren in der Welt die größte Verantwortung und daher permanent verlangt, der Westen müsse endlich die von ihm verursachten Missstände beseitigen, der muss außer diesen beifallsträchtigen Phrasen auch sagen (oder wenigstens andeuten), wie dies geschehen könnte. Und zwar nach Maß unserer demokratisch verfassten Gesellschaften.

Am Ende steht die unbefriedigende, ja deprimierende Feststellung: Veränderungen sind unter geordneten Verhältnissen, wenn überhaupt, in den meisten Fällen nur in sehr kleinen Schritten und über lange Zeitspannen möglich.

These 74: Eine fortschrittliche Entwicklung in einer Region hängt zunächst einmal vom Verhalten der Menschen ab, die in dieser Region leben

Die meisten Armutsflüchtlinge, die sich auf den Weg nach Europa machen, kommen aus Afrika. Die Ursachen hierfür werden gern dem Westen angelastet, weil er mit seiner Wirtschafts- und Interessenpolitik die Lebensgrundlagen der Menschen untergraben würde. Das trifft zu, jedenfalls zum Teil. Aber es ist nicht die einzige Ursache, wahrscheinlich sogar nicht einmal die wichtigste. Um den tieferen Grundlagen für die Zustände in Afrika näher zu kommen, muss auch die Zeit vor der europäischen Kolonialisierung des Kontinents betrachtet werden (siehe oben).

Der Westen hat Fehler begangen, zweifellos, allen voran die USA mit ihren Interventionen zum Beispiel im nahen und mittleren Osten, aber für die prekäre Lage der muslimischen Hemisphäre oder gar der gesamten Welt ist er nicht allein verantwortlich und nicht einmal der Hauptschuldige. Eine fortschrittliche Entwicklung in einer Region hängt zunächst einmal vom Verhalten der Menschen ab, die in dieser Region leben und erst in zweiter Linie von äußeren Einflüssen. Die Dampfmaschine kann nicht erfunden und entwickelt werden, wenn religiöse Engstirnigkeit jede Veränderung, jede Neuerung als Teufelswerk verdammt oder wenn aufgrund von anarchischen Gesellschaftsverhältnissen alle begabten, potenziellen Schmiede umgebracht beziehungsweise versklavt werden (oder neuerdings auswandern). Ein Blick nach Asien zeigt, wie sich die Völker dort entwickelt haben: Malaysia, Korea, Indien, inzwischen auch Vietnam und vor allem das immer mächtiger werdende China. Alle hatten eine schwierige Ausgangslage, haben sich aber in den letzten Jahrzehnten ganz anders gemausert als Afrika oder der gesamte arabische Raum.

Wenn die stereotypen Schuldzuweisungen trotzdem als Begründung und Rechtfertigung herangezogen werden, den Westen permanent und kollektiv unter Druck zu setzen, sowie Ausgleich und Wiedergutmachung in welcher Form auch immer zu fordern, bisweilen sogar zu erpressen, so ist sie am Ende nicht viel mehr als Ausdruck einer ideologisierten Polemik sowie der Versuch, handfeste Interessen durchzusetzen. Sehr deutlich formulierte Rupert Neudeck die Folgen dieser „Interessenpolitik" in Bezug auf Afrika und die westliche Entwicklungshilfe:

»Der ganze Kontinent wird zum Almosenempfänger, nicht wegen der Menschen und Völker, sondern weil sie Regierungen haben, die faul, raffgierig und größenwahnsinnig sind. Manchmal machen solche Regierungen wie in Simbabwe und möglicherweise künftig auch in Südafrika oder Namibia, die eigene Landwirtschaft systematisch kaputt.«[138]

These 75: Wir müssen die Ursachen der Migration beseitigen

Das größte Hindernis für eine dauerhafte Verbesserung der Situation in den Armutsländern besteht also nicht in externen Faktoren (in den Verfehlungen des bösen Westens), sondern vielmehr in internen, wie etwa im Verhalten der eigenen Regierungen. Diese sind oft vollkommen von Korruption durchsetzt, nicht nur die Führungsschichten, sondern auch die nachfolgenden Ebenen. Beispielsweise gibt es in ganz Afrika kaum eine Handvoll Länder, die aus dem Korruptionssumpf herausragen.

Die meisten Länder Afrikas weisen seit ihrer Unabhängigkeit Regierungen auf, die ihre Gesellschaften systematisch ausgesaugt haben. Dabei ist völlig egal, welche Partei, Gruppe oder welcher Stamm gerade den Herrscher stellt. Alle scheinen es als das Natürlichste auf der Welt anzusehen, sich umgehend nach Kräften zu bereichern, sobald sie die Gelegenheit dazu bekommen. Die Regierungswechsel gehen häufig mit Gewalt einher und können nur mithilfe einer entsprechenden Hausmacht herbeigeführt werden. Da jeder potenzielle Kandidat sich meist nur auf seine eigene Volksgruppe verlassen kann, werden die unzähligen ethnischen Konflikte immer schön am Köcheln gehalten und gegebenenfalls extra befeuert.

Bestätigt wird diese Einschätzung wiederum von Rupert Neudeck, der zu Lebzeiten ein Kenner und großer Liebhaber des Kontinents war:

> *»...lange Tradition von Kleptokratie und Korruption, die Gewohnheit zahlloser afrikanischer Potentaten, ihr Land als ihren Privatbesitz zu betrachten und sich entsprechend die Taschen zu füllen. Einher gehe das mit einer unguten Gewöhnung an die Entwicklungshilfe, die Erwartung, das fremde Geld werde schon kommen, wenn es aus eigener Kraft nicht mehr reicht.«*[139]

Die Beseitigung der Ursachen für die Migration ist also auf absehbare Zeit vollkommen illusorisch, das kriegen wir nicht hin,

138

nicht mit unseren Mitteln und erst recht nicht mit unserem Zutun von außen, nachdem wir die fähigsten Köpfe für unsere Rentenabsicherung abgeworben haben. Das sieht auch der Migrationsforscher Jochen Oltmer, Professor am Institut für Migrationsforschung und Interkulturelle Studien an der Universität Osnabrück so. Er nennt die Forderung zur Bekämpfung der Fluchtursachen sicherlich ein *»hehres Ziel«*, trotzdem sei sie *»nicht mehr als ein Schlagwort«*. Die eigentlichen Ursachen seien nämlich *»Kriege und politische Führer, die Gewalt ausüben und die Menschen vertreiben«,* auf deren Beseitigung wir nur äußerst begrenzten Einfluss hätten.[140]

These 76: Den Menschen in den armen Ländern muss es besser gehen, damit sie nicht mehr zur Flucht gezwungen werden

Also liegt der einzige Ausweg darin, *»Wohlstand für alle«* zu schaffen? Könnte der eine Änderung bewirken? Viele sind dieser Ansicht. Bisweilen wird daher argumentiert, dass sowohl die Überbevölkerung als auch die damit verbundene weltweite Migration nur beseitigt werden könnten, indem auch die armen Gegenden auf ein ausreichendes Wohlstandsniveau gehoben würden. Dies würde das starke Gefälle zwischen Arm und Reich ausgleichen und damit die Ursachen und Beweggründe für Überbevölkerung und Wanderbewegungen beseitigen. Da ist auf den ersten Blick sicher etwas dran.

Allerdings bleibt die Frage unbeantwortet, wie dies bewerkstelligt werden kann. Einerseits holen wir uns die besten Köpfe, die eigentlich die Wendung zum Besseren in ihren Heimatländern herbeiführen müssten, zu uns, damit sie unseren hohen (verschwenderischen) Lebensstandard im Alter sichern, und zweitens läuft traurigerweise die Entwicklung in Bezug auf eine gleichmäßige Verteilung des verfügbaren Kuchens derzeit genau in die falsche Richtung, denn die Schere zwischen Arm und Reich geht weltweit immer weiter auseinander.

Drittens ist Wohlstand für alle nicht nur alles andere als dauerhaft stabil, sondern auch eine heikle Sache. Überall auf der Welt leben gewaltige Menschenmassen, die, unseren Lebensstandard im Fernseher vor Augen, mehr wollen. Von den etwa 1,4 Milliarden derzeit lebenden Chinesen wurde der größte Teil vom chinesischen Wirtschaftswunder noch kaum erfasst. Rund eine Milliarde hocken noch auf dem Land und wünschen sich nichts mehr, als endlich aus den trostlosen Verhältnissen herauszukommen. Ähnlich sieht es in Indien aus, wo inzwischen auch weit über eine Milliarde Menschen leben. Ganz Schwarz-Afrika bringt eine weitere Milliarde zusammen, die ebenfalls nichts sehnsüchtiger wollen, als besser und sicherer zu leben, sprich: mehr zu konsumieren.

Aber auch die Vorstellung, wir könnten die Fluchtbewegungen der Menschen verringern, indem wir dafür sorgten, dass es den Menschen besser gehe, verweist Professor Oltmer in das Reich der Fabeln. *»Das ist Unsinn«*, denn diese Vorstellung, mit verbesserten Lebensbedingungen finde weniger Mobilität statt, sei längst wissenschaftlich widerlegt. Vielmehr sei es umgekehrt:

> *»Je besser es Menschen geht, desto mehr Mobilität lässt sich ausmachen, je ärmer sie sind, desto weniger sind sie in der Lage überhaupt eine Migrationsbewegung zu absolvieren.«[141]*

Hinzu kommt der gewaltige Bedarf an zusätzlicher Energie und Rohstoffen, mit dem die Vision *»Wohlstand für alle«* einhergehen würde. Denn schon jetzt steigen die treibhausfördernden CO_2-Emissionen trotz aller Bemühungen zur Begrenzung stetig an und verstärken die weltweit größte Bedrohung für die Menschheit, den globalen Klimawandel. Dessen katastrophale Folgen treffen wiederum die ärmsten Länder am stärksten. So sehr man also den Milliarden armer Menschen weltweit nur wünschen kann, sich unserem Lebensstandard anzunähern, so sehr ist Wohlstand für alle zwar eine schöne, aber auch schreckenerregende Vision.

These 77: Der Westen muss helfen

Noch einmal: Die Fluchtursachen zu beseitigen, ist ein *»hehres Ziel«*, aber ob das von außen gelingen kann, ist doch sehr fraglich angesichts der bisherigen Erfahrungen, wie sie beispielsweise Prof. Oltmer beschrieben hat. Dennoch muss sich etwas ändern – in den Herkunftsländern der Migranten! Aber wer soll das vor Ort machen?

Die Besten, Klügsten, Fittesten und Mutigsten hauen ab. Das sind aber genau diejenigen, die als einzige die „Systemveränderer" sein könnten. Zu allem Überfluss locken wir sie sogar noch an mit dem Versprechen, sie könnten bei uns ein schöneres Leben führen, weil wir unseren hohen Lebensstandard im Alter ja nicht verlieren wollen. Das ist nicht nur Kolonialismus in seiner schlimmsten, seiner ausbeuterischen Form, sondern auch zynisch, denn es beraubt die Zurückgebliebenen jeder Aussicht auf Verbesserungen. Um dem Ganzen noch die Krone aufzusetzen, kaschieren wir unser Vorgehen noch mit einer scheinheiligen Gutmenschlichkeit, die vorgibt, wir folgten nur unserem humanitären Gewissen und müssten deshalb den Flüchtenden alle helfen, indem wir sie bei uns aufnehmen. Die Ursachen der Migration werden dadurch aber nicht im Geringsten beseitigt, sondern um so fester zementiert.

Zivilisatorische Errungenschaften, wie sie die Herkunftsländer anstreben müssten, um ihren Bewohnern eine ausreichende Perspektive zu bieten, sind zudem nicht so billig zu haben. Sie mussten im Westen hart und blutig erkämpft werden und sie werden auch anderen Kulturen nicht (vom Westen) in den Schoß gelegt werden können. Sollen die Herkunftsländer ihrem trostlosen Schicksal nicht auf unbestimmte Zeit anheimgegeben werden, so müssen in allererster Linie die betroffenen Menschen selbst aktiv werden. Das ist die größte und wichtigste Verantwortung derjenigen, die in diesen Ländern wohnen und dorther stammen – also auch derjenigen, die in den Westen flüchten! Genauso wie über Jahrhunderte im Westen müssen mutige Menschen gegen die katastrophalen Zustände aufbegehren, dagegen kämpfen und ihr Leben riskieren. Und leider werden es wohl auch viele bei diesem Ringen um Verbesserungen verlieren, aber es ist dann sehr viel sinnvoller eingesetzt, als es beispielsweise in Gummibooten auf dem Mittelmeer zu riskieren und zu verlieren.

Diese Kosten, um nicht zu sagen diesen „Blutzoll", des zivilisatorischen Fortschritts müssen die Menschen zuvörderst selbst tragen und entrichten. Sind gerade die Klügsten, Mutigsten und Talentiertesten dazu nicht bereit, sondern suchen ihr persönliches Heil lieber in der Flucht und verlassen in Scharen ihre Heimat, verlieren die Herkunftsländer am meisten durch den Aderlass an Hoffnungsträgern, und zwar je ärmer diese Länder derzeit sind, desto mehr büßen sie an Entwicklungsmöglichkeiten und Chancen für die Zukunft ein.

Also, wer soll dann noch Verbesserungen bewirken, wenn der „Braintrain" aus den ärmsten Ländern schnurstraks in unser Rentensystem dampft? Wenn dagegen der Druck durch Auswanderung ausgerechnet der unbedingt nötigen, potenziellen „Gesellschaftsverbesserer" abgelassen wird, wird sich an den katastrophalen Zuständen nie irgendetwas ändern. Das haben auch schon die korrupten Eliten in den Herkunftsländern der Migranten, etwa in Afrika, gemerkt:

»Es kümmert die afrikanischen Eliten nicht, wenn ihre Staatsbürger zu Zehntausenden unkontrolliert und chaotisch auswandern und sich anderen Ländern zuwenden, in denen sie ein besseres Leben als in der Heimat zu finden hoffen. [...] Im Gegenteil, einige afrikanische Regierungen fordern ein Recht auf Migration. Für viele afrikanische Regierungen ist die Auswanderung kein Alarmzeichen, sondern ein Ventil. Sie werden die unzufriedenen jungen Bürger los, die bereits in großer Zahl die afrikanischen Zentren bevölkern und keine Chance haben, dort einen Arbeitsplatz zu finden. Mit dem Export der Arbeitslosigkeit sinkt die Dringlichkeit eigener Entwicklungsanstrengungen.«[142]

Sehr wahrscheinlich gehen dem syrischen Machthaber Baschar al-Assad ähnliche Überlegungen durch den Kopf, wenn er auf die Flucht vieler seiner widerspenstigen Landsleute in den Westen schaut. Die für den einzelnen Geretteten und bei uns Aufgenommenen zweifelsohne humanitäre Hilfe kehrt sich also für die Zurückgebliebenen in das Gegenteil um. Auf diese Hilfe des Westens könnten die Herkunftsländer sowohl der Armuts- als auch der Kriegsflüchtlinge besser verzichten.

These 78: Wir müssen als erstes unsere Waffenexporte in die Krisenregionen stoppen

Bei welcher Gelegenheit auch immer diese Aussage zum Besten gegeben wird, ob bei Sonntagsreden oder in Talkshows, der Redner kann sich des Beifalls des Publikums gewiss sein.

Aber: Erstens sind die meisten Waffen in diesen Auseinandersetzungen gar nicht deutscher Herkunft (z. B. die berühmte Kalaschnikow, das „erfolgreichste" Sturmgewehr der Welt und bei allen kriegerischen Auseinandersetzungen die wichtigste Handfeuerwaffe der Kombattanten, ist sowjetisch/russischen Ursprungs). Daher wird niemand seine kriegerischen Aktivitäten einstellen, weil er keine Waffen mehr aus Deutschland bekommt, denn ihm stünden immer genügend Alternativen „Gewehr bei Fuß".

Zweitens würden wir ganz sicher noch das letzte Fitzelchen an Einfluss verlieren, den wir vielleicht noch auf Länder wie Saudi-Arabien oder Katar, zwei wichtige Regionalmächte, die beispielsweise in Syrien mitmischen, haben.

Trotz der grundsätzlichen Richtigkeit dieser beifallsträchtigen Forderung ist sie tatsächlich nicht viel mehr als eine Nebelkerze, die keine wirkliche Veränderung bewirkt, denn in den Talkshows folgt, nachdem der Beifall verklungen ist, nie ein überzeugendes „als zweites" mehr nach, das erklärt, wie die brutalen Akteure vor Ort zur Raison gebracht werden könnten.

These 79: **Wir verlieren unsere Glaubwürdigkeit, wenn wir weiter Waffen an Länder wie Saudi-Arabien liefern**

Das ist grundsätzlich richtig. Gerade Saudi-Arabien versucht, seine Interessen durch Stellvertreterkriege oder durch direktes militärisches Eingreifen etwa im Jemen ziemlich brutal durchzusetzen. Darüber hinaus praktiziert das Land mit dem Wahabismus eine rigoros islamistische Auslegung des Islam nicht nur im Innern, sondern verbreitet diese aktiv nach außen bis in Moscheen in Deutschland. An so ein Land Leopard-Panzer zu verkaufen, untergräbt zwangsläufig unsere Glaubwürdigkeit in Bezug auf unsere Friedensbemühungen.

Auch hier ein Aber: Möglicherweise wären wir ein klein wenig glaubwürdiger, wenn wir einen der Hauptakteure in der größten Unruheregion der Welt nicht zusätzlich noch mit Kampfpanzern versorgten. Dennoch muss auch konstatiert werden, dass nicht nur Saudi-Arabien, sondern alle Streithähne beispielsweise in Syrien auf unsere Glaubwürdigkeit pfeifen, ja sogar auf die des ganzen Westens. Was sie allerdings nicht davon abhält, nach Bedarf auf unsere Glaubwürdigkeit hinzuweisen, wenn nämlich eigene Interessen dies opportun erscheinen lassen. De fakto würde ein Waffenembargo aber nicht das Geringste an den gewalttätigen Auseinandersetzungen ändern.

Bestenfalls könnte eine solche Selbstbeschränkung nach innen wirken, also unsere Glaubwürdigkeit uns selbst gegenüber bekräftigen. Das würde uns bestärken in unserem Selbstbild vom moralischen Vorbild für alle Welt; wir machten uns die Finger nicht schmutzig und könnten weiterhin auf unserem hohen Moralross thronen, mit verklärtem Idealistenblick in die Ferne. Das ist ja auch etwas.

Dennoch wäre diese Beschränkung nicht in der Lage, das folgende Dilemma zu überdecken, in welchem der Westen seit jeher steckt: Bei der Entwicklung der Menschenrechte und noch mehr bei deren Umsetzung hat der Westen immer wieder gegen seine eigenen Werte verstoßen. So ist schon die Gleichheit aller

Menschen als grundsätzliches Geltungsmerkmal für alle Menschen definiert worden, obwohl sie anfangs gar nicht für alle gemeint war. Der Satz: »*All men are created equal.*« etwa wurde von Großbürgern in die amerikanische Unabhängigkeitserklärung aufgenommen, die anschließend nach Hause fuhren und sich von ihren schwarzen Sklaven die Stiefel ausziehen ließen - und nichts dabei fanden.

Zwar können und müssen wir uns um Besserung bemühen, aber vermutlich müssen wir mit derartigen Unzulänglichkeiten leben, denn es gilt immer auch, eigene Interessen zu vertreten. Dabei geraten wir zwangsläufig in Kollision mit den selbstgesetzten moralischen Ansprüchen.

Allerdings gewinnt man bisweilen den Eindruck, die Verfolgung von Eigeninteressen sei per se schon verwerflich, erst recht, wenn diese mit dem Einsatz von Gewalt durchgesetzt werden müssten. Man erinnere sich an die sehr realitätsbezogenen Äußerungen des ehemaligen Bundespräsidenten Horst Köhler, der dafür in der medialen Öffentlichkeit hart angegriffen wurde und im Anschluss sogar zurücktrat.

Wer unsere bloße Existenz als lange Zeit dominierender (und für alles Übel verantwortlich gemachter) Westen schon als Affront begreift, für den ist die weitere Verfolgung von westlichen Eigeninteressen natürlich untragbar. Der sollte aber auch bedenken, dass ohne diesen Eigennutz die Aufrechterhaltung unserer Gesellschaften mit all ihren humanitären Errungenschaften in der realen Welt wahrscheinlich kaum gewährleistet werden könnte.

Kapitel J Humanität und Werte

These 80: Der Verfall unserer moralische Werte schreitet immer weiter voran

Moralische Werte halten Gesellschaften zusammen. Sie sind die Grundlagen für gesetzliche Bestimmungen und gemeinsam mit diesen Gesetzen regulieren sie aggressive Tendenzen einzelner oder ganzer Gruppen und Institutionen im Alltag und schützen Minderheiten vor Mehrheiten. Aber auch die Moral kann ein zweischneidiges Schwert sein - und mit ihr die Wertvorstellungen, die, wie der Philosoph Richard David Precht formuliert *»ihrer Natur nach nicht von der Vernunft erdacht, sondern gefühlt«* sind. Und *»wer moralisch denkt, teilt die Welt in zwei Bereiche: in das, was er achtet und das, was er ächtet.«*[143]

Die Reduzierung der Welt auf zwei Bereiche (achten oder ächten, Gut oder Böse usw.) bietet nämlich eine wunderbare Gelegenheit für ideologisches Blockdenken. Wer meiner Moralvorstellung nicht entspricht, den kann ich nicht achten, der wird geächtet. Genau das ist zu allen Zeiten geschehen. Die (moralische) Einteilung in Rechtgläubige und Heiden, in Kaisertreue und Vaterlandsverräter, in edle Herrenrasse und menschliches Ungeziefer, in Kommunisten und Reaktionäre, in aufrechte Demokraten und Anti-Demokraten. Dazwischen gab es für die selbsternannten Moralapostel und Sittenwächter nie etwas und gibt es bis heute nichts.

Oder: Wer die gesamte Konzeption des Euros, wie er gegen den Willen der Völker eingeführt wurde, für falsch hält und ihn deshalb grundlegend verändern oder gegebenenfalls auch wieder abschaffen möchte, dem wird unterstellt, er wolle gleich die gesamte Europäische Union abschaffen, er sei ein Anti-Europäer. Und natürlich: Erhebt jemand Einspruch gegen Multikulti und immer mehr Zuwanderung, so kann er nur ein widerwärtiger Rassist und Populist sein.

Die Ideologien wechseln, das Prinzip nicht! Deshalb sollte jeder, der sich maßlos über die moralische Verwerflichkeit Andersdenkender echauffiert, zunächst einmal an die eigene Nase fassen.

These 81: Die europäischen Werte bilden die Grundlage der Europäischen Union

Angesichts der Krisen in Europa wird keine Gelegenheit ausgelassen, die *»europäischen Werte«* zu beschwören. Das kann dennoch nicht darüber hinwegtäuschen, dass die EU nicht auf irgendwelchen Werten (welche das auch immer sein mögen) gründet, sondern in erster Linie auf zwei Beweggründen aufbaut: auf der Angst vor einer erneuten Selbstzerfleischung nach den zwei Weltkriegen und auf Geld. Die Vordenker der europäischen Einigung wollten Deutschland stärker als zuvor in einem Verbund mit seinen europäischen Nachbarn einhegen, und als Mittel hierzu dienten wirtschaftliche Verflechtungen. Wer auf friedliche Weise Geld mit seinen Nachbarn verdient, braucht keine Kriege mehr gegen sie zu führen. Schon die Montanunion als Vorläufer der Europäischen Wirtschaftsgemeinschaft (EWG) hatte das Ziel, vor allem die Schwerindustrie als eine der Schlüsselindustrien für den Aufbau eines bedrohlichen Militärpotenzials über die Staatsgrenzen hinweg stärker zu vernetzen.

Insofern hat die EU sehr wohl eine friedenschaffende Funktion, auch heute noch, wenn man beispielsweise die Bemühungen um die Befriedung des Balkans betrachtet. Dort sollen die Streithähne durch viel EU-Geld und die Hoffnung auf anschließenden Wohlstand von dummen Gedanken abgebracht werden. Das macht aber auch deutlich, dass die friedenserhaltende Wirkung immer wieder im Wesentlichen vom wirtschaftlichen Erfolg, mit anderen Worten: vom Geld abhängt. Auch das Beitrittsinteresse der vielen bereits aufgenommenen Staaten fußte und fußt noch immer in beträchtlichem Maße auf den Erwartungen des warmen Geldsegens aus Brüssel.

Die *»europäischen Werte«* geben dem Ganzen zwar einen schönen Anstrich, sind aber außer für einige intellektuelle Freigeister und Sonntagsreden zu feierlichen Anlässen von nachrangiger Bedeutung für die Einigung gewesen. Die aktuellen europäischen Krisen, ob nun die Schulden-, Euro-, Griechenland- oder Flüchtlingskrise, bei denen die Wertemakulatur unter den harten Schlägen der Realität gerade abplatzt, zeigen, dass Zusammenhalt und Identität eben nicht auf Geldbeuteln aufgebaut werden können. Allein der inflationäre Verweis auf die *»europäischen Werte«*, um abweichende Sichtweisen und Einstellungen in wirklich wichtigen, wenn nicht gar existenziellen Fragen in Reih und Glied zu zwingen, sollte schon stutzig machen.

Die Verknüpfung von nationaler oder gar europäischer Identität und Einigung und den immer wieder wie eine Monstranz demonstrativ vor sich hergetragenen *»europäischen Werten«* wird indes nicht von allen gutgeheißen. Beispielsweise hat Ernst Hilebrandt, Experte für Außen- u. Sicherheitspolitik bei der SPD-nahen Friedrich-Ebert-Stiftung, ein Problem damit, angesichts der brutalen Geschichte Europas so etwas wie *»europäische Werte«* überhaupt zu proklamieren. Er kann nicht erkennen, dass Werte der Humanität, der Solidarität, des Respekts für den anderen wirklich zivilisatorisch so prägend waren für unsere Gesellschaften und vor allem für den europäischen Einigungsprozess, wie wir das heute gerne hinstellen.[144]

These 82: Wir lassen uns unsere Lebensweise nicht von den Terroristen diktieren

Dennoch bilden unsere Werte natürlich den Grundstock unseres westlichen Selbstverständnisses und unserer Identität. Daher ist es unbedingt notwendig, dass wir für diese Werte, die uns so wichtig, um nicht zu sagen heilig sind, einstehen und das auch unmissverständlich deutlich machen. Dessen eingedenk wird bei jeder Gelegenheit postuliert, wir würden uns unsere Lebensweise von den Terroristen nicht infragestellen lassen. Aber wie sieht das in der Realität aus?

Am 13. November 2015 wurden in Paris zeitgleich mehrere Attentate islamistischer Extremisten verübt, die weit über 100 Tote forderten. Eine Terroristengruppe plante sogar, in das Fußballstadion „Stade de France" einzudringen und während des Freundschaftsspiels der Nationalmannschaften von Frankreich und Deutschland wahllos in die Menge zu schießen. Die dadurch ausgelöste Massenpanik hätte wahrscheinlich die Zahl der Opfer noch sehr viel höher ausfallen lassen. Nur eine Woche später war ein weiteres Freundschaftsspiel zwischen Deutschland und den Niederlanden in Hannover geplant. Nach den Anschlägen von Paris sollte das Spiel in Hannover aber nicht vorsorglich abgesagt werden, sondern ausdrücklich, als ein „Bekenntnis zu unseren Werten", eine Demonstration der Bereitschaft unserer Gesellschaft sein, sich nicht von den Terroristen ins Bockshorn jagen zu lassen: „Wir werden uns von den Terroristen unser Leben nicht diktieren lassen!" Doch anschließend wurden mehr oder weniger konkrete Hinweise auf mögliche Anschläge auch bei diesem Spiel bekannt, und schon wurde die groß angekündigte Demonstration abgeblasen. Und als Ersatz wurde allerorten propagiert, sich nur nicht schrecken zu lassen und um der westlichen Werte willen nun erst recht auf den Weihnachtsmarkt zu gehen. Aus Sicht der Sicherheitsbehörden und Verantwortlichen war die Absage des Fußballspiels eine völlig richtige Entscheidung.

Allerdings hat so ein Vorgehen natürlich auch eine Außenwirkung. Wie beeindruckt von der Entschlossenheit der deutschen Öffentlichkeit werden die Dschihadisten und Extremisten jetzt wohl sein? Aus Sicht der islamistischen Terroristen, die ja Zielgruppe dieser Demonstration für unsere Werte und Lebensweise werden sollten, war das gewiss ein wahrhaft eindrucksvoller Beweis westlicher Standhaftigkeit. Diese haben zwar die Opferbereitschaft geradezu institutionalisiert und Selbstmordattentate fast zur *»ersten Bürgerpflicht«* erklärt, werden sich aber angesichts solch imponierender Demonstrationen sicher zur Introspektion in ihre Parallelwelt-Höhlen verziehen, um anschließend geläutert und das Grundgesetz zitierend wieder herauszukommen. Hamed Abdel-Samad, selbst scharfer Islamistenkritiker und daher seit langem wegen Morddrohungen unter Polizeischutz stehend, sieht die allgemeine Bereitschaft, für unsere Werte und gegen den Terror einzustehen, so:

> *»Den Terror zu besiegen bedeutet, dass wir im Westen damit leben müssen, wenn Särge mit Soldaten zurückkommen. Davor haben nicht nur die Mütter, davor hat jeder Politiker Angst. [...] Wir sind im Westen nicht mehr bereit, Opfer zu bringen. Es ist eine Lüge, wenn wir sagen, wir wollen mit aller Härte gegen den Terror vorgehen – denn wir gehen kein Risiko ein.«*[145]

Wer die Backen ständig dick aufbläst, muss irgendwann auch einmal pfeifen, andernfalls macht er sich lächerlich. Wer nicht für seine Werte kämpfen, sondern nur von ihnen reden will, kann auf Dauer niemanden von sich oder von seinen Werten überzeugen.

Inzwischen sind nicht nur Fußballspiele und Karnevalsumzüge abgesagt worden, sondern viele öffentliche Veranstaltungen können nur noch unter einem Polizeiaufgebot stattfinden, das noch vor Silvester 2015 undenkbar gewesen wäre und in dem manch ein linker Multikultiverfechter die Vorboten eines Polizeistaates gesehen hätte. Fast jeder Besucher eines öffentlichen Ereignisses mit größeren Menschenmassen fragt sich unwillkürlich, ob er tatsächlich die Veranstaltung besuchen sollte. Selbst kleinere Regionalfeste werden inzwischen mit Schutzmaßnahmen wie Betonpoller gegen Mordanschläge gesichert.[146] Wie sehr die Bedrohung bereits die einfache Bevölkerung erreicht hat, zeigt beispielsweise auch die Tatsache, dass nach den Vorkommnissen der Silvesternacht 2015 Pfeffersprays bei vielen Waffenhändlern ausverkauft waren. Die Plattitüde, wir dürften uns unsere Lebensweise nicht von den Terroristen diktieren lassen, wird zwar nach jedem weiteren Terroranschlag neu aufgewärmt, um das Volk zu beruhigen, sie ist aber längst überholt.

150

These 83: Notfalls müssen wir auch für unsere Werte kämpfen

Auf die Verteidigung unserer Werte angesprochen wird auch dieser Forderung jeder zunächst einmal freimütig zustimmen. Aber welche „Kampfbereitschaft" bringen gerade wir Deutschen heute noch auf? Einen Hinweis gibt auch hierzu ein Blick in die gelebte Realität:

Als 2006 anlässlich der Fußballweltmeisterschaft in Deutschland das *»Sommermärchen«* mit einem schwarz-rot-goldenen Fahnenmeer alle überraschte, wurde in den obligatorischen Talkshows erörtert, ob Deutsche so etwas überhaupt dürften, und die berufenen Gesprächspartner waren überwiegend der Meinung (außer ein paar notorischen *»Inländerhassern«*), das sei sogar zu begrüßen, denn die Deutschen seien endlich zu einem normalen Verständnis von Patriotismus zurückgekehrt, der in fröhlicher Stimmung *»die ganze Welt zu Freunden«* erklärte und - anders als in früheren Zeiten - niemanden abwertete und ausschloss.

Bei einer dieser Talkshows war auch der deutsch-jüdische Publizist und Zeithistoriker Rafael Seligmann als Gast geladen. Er gab der einvernehmlichen Runde zu bedenken, dass Patriotismus auch bedeuten könne, sich notfalls für sein Land totschießen lassen zu müssen.[147] Das war damals zu viel Wasser in den süßen Euphorie-Wein, weshalb keiner der Gesprächsteilnehmer weiter darauf einging. In solchen Kategorien wollen wir Deutschen nicht mehr denken. Aber die anderen denken so. Inzwischen sind die Anforderungen ernster geworden und die Spaßgesellschaft wird immer stärker mit dem Ernst des Lebens konfrontiert. Daher gilt frei nach Seligmann: Notfalls muss für die allseits propagierten Werte auch gestorben werden, sonst sind die Lippenbekenntnisse nichts wert. Genau so wurden die Werte über Jahrhunderte hinweg ja auch geschaffen und realisiert – durch den unerschütterlichen Mut und die Opferbereitschaft einiger Männer und Frauen, die sich auch angesichts der Gefahren für Leib und Leben nicht einschüchtern ließen.

Also, wir kämpfen für unsere Werte, das ist klar! Ähm, es sollte halt nur nicht zu viel kosten und darf auf keinen Fall weh tun...

These 84: Schusswaffengebrauch zur Grenzsicherung ist nicht zulässig

Darf die Grenzsicherung mittels Waffengewalt gewährleistet werden? Diesbezügliche Äußerungen der ehemaligen AfD-Vorsitzenden Frauke Petri im Zuge der Flüchtlingskrise 2015 schlugen so hohe Wellen der Empörung,[148] dass darüber nicht einfach hinweggegangen werden kann. Petri hatte sich auf eine angeblich geltende Rechtslage berufen, aber wie sieht diese wirklich aus?

»Tatsächlich ist der Waffeneinsatz an den Grenzen mit hohen Hürden versehen. Er darf nur bei entsprechender Verhältnismäßigkeit erfolgen. Etwa wenn klar ist, dass nur durch Schüsse ein Verbrechen unmittelbar verhindert werden kann.

Das wäre zum Beispiel der Fall, wenn Täter in Grenznähe selbst mit Waffen oder Sprengstoff ausgestattet sind und damit gerade ein Verbrechen ausführen oder eines begehen wollen. Es handelt sich hier also um Extremfälle. Nur eine akute Gefahr, die man nicht anders abwenden könnte, rechtfertigt einen Waffengebrauch.«[149]

Diese Meinung stand sicher exemplarisch für die Mehrheit der Kommentatoren in allen seriösen Medien und in der Politik. Sie stützte sich u. a. auf § 10 Schußwaffengebrauch gegen Personen des „Gesetzes über den unmittelbaren Zwang bei Ausübung öffentlicher Gewalt durch Vollzugsbeamte des Bundes" (UZwG) vom 10.03.1961, in dem *»Verbrechen«* oder *»Vergehen«*, die *»unter Anwendung oder Mitführen von Schußwaffen oder Sprengstoffen«* explizit genannt werden.

Allerdings, wie so oft, ist das nur die halbe Wahrheit. Im unmittelbar folgenden § 11 Schußwaffengebrauch im Grenzdienst, UZwG, heißt es nämlich:

»(1) Die in § 9 Nr. 1, 2, 7 und 8 genannten Vollzugsbeamten können im Grenzdienst Schußwaffen auch gegen Personen gebrauchen, die sich der wiederholten Weisung, zu halten oder die Überprüfung ihrer Person oder der etwa mitgeführten Beförderungsmittel und Gegenstände zu dulden, durch die Flucht zu entziehen versuchen. Ist anzunehmen, daß die mündliche Weisung nicht verstanden wird, so kann sie durch einen Warnschuß ersetzt werden.

Hier ist also unmissverständlich formuliert, dass Schusswaffen gegen Personen eingesetzt werden können, die sich *»der wiederholten Weisung, zu halten oder die Überprüfung ihrer Person oder der etwa mitgeführten Beförderungsmittel und Gegenstände«* entziehen wollen. Wie diese Bestimmung in der Praxis ausgelegt und umgesetzt wird, mag auf einem anderen Blatt stehen, aber von Verhinderung eines bevorstehenden Verbrechens oder Tätern mit Waffen oder Sprengstoff ist in § 11, der ausdrücklich den Waffengebrauch im Grenzdienst regelt, nicht die Rede.

In § 12 Besondere Vorschriften für den Schußwaffengebrauch, UZwG, wird in Absatz (2) noch weiter präzisiert:

»Der Zweck des Schußwaffengebrauchs darf nur sein, angriffs- oder fluchtunfähig zu machen. Es ist verboten, zu schießen, wenn durch den Schußwaffengebrauch für die Vollzugsbeamten erkennbar Unbeteiligte mit hoher Wahrscheinlichkeit gefährdet werden, außer wenn es sich beim Einschreiten gegen eine Menschenmenge (§ 10 Abs. 2) nicht vermeiden läßt.«

Das Gesetz lässt also die Anwendung, mindestens aber die Androhung des Einsatzes von Schusswaffen sogar gegen eine Menschenmenge zu und nimmt auch „Kollateralschäden" unter bestimmten Bedingungen in Kauf.

These 85: Wir müssen legale Wege für die Menschen schaffen, um nach Europa zu kommen

Angesichts der vielen Opfer, die bei ihrer Flucht beispielsweise über das Mittelmeer zu beklagen sind, wird immer wieder der Ruf laut, wir müssten endlich legale Wege schaffen, auf denen Menschen nach Europa bzw. Deutschland kommen könnten. Dadurch werde einerseits den Menschen in den Herkunftsländern klar signalisiert: *»Wir bestimmen, wen wir als Zuwanderer wollen.«*[150] Andererseits sollen damit die vielen Toten verhindert und das Schlepperunwesen trocken gelegt werden. Von den Rufern nach legalen Wegen (oft in Verbindung mit einem *»modernen Einwanderungsgesetz«*) wird allerdings nie die Frage beantwortet: Was werden wohl diejenigen machen, denen der legale Weg dennoch versperrt bleibt?

Angenommen, die legalen Wege würden eingerichtet. Wenn sich Europa dadurch nicht mehr so stark wie bisher abschotten, sondern seine Tore für Zuwanderung weiter öffnen würde, dann stünden, wie Rupert Neudeck festgestellt hatte, allein in der Subsahara-Region jetzt schon rund 15 Millionen bereit,[151] die keinen Grund hätten, ihre Reise nach Europa auch nur einen Tag länger zu verzögern. Sie wären in kürzester Zeit da und würden die Aufnahmesituation, die wir 2015/16 erlebt haben, noch einmal potenzieren. Das daraus erwachsende Chaos kann kaum unterschätzt werden und selbst der hartnäckigste Utopist kann nicht ernsthaft behaupten, dass dies ohne massive gesellschaftliche Verwerfungen vonstatten gehen würde.

Also müssten doch jährlich Kontingente vergeben werden, die „Festung Europa" würde nicht komplett geschleift, sondern begrenzte Lücken in die Mauern geschlagen, um den zu erwartenden Ansturm etwas abzuflachen und über die kommenden Jahre zu strecken. Das bedeutete aber wiederum, die Masse der bereits auf ihrem Weg befindlichen Migranten müsste auf später vertröstet werden, die meisten von ihnen auf Jahre später.

Man versetzte sich in die Situation dieser Vertrösteten. Das sind Menschen, die seit Jahren davon träumen, ins „gelobte Land" zu gelangen. Vielleicht haben sie es auch schon probiert und sitzen in Ländern fest, in denen sie alltäglichen, rassistischen Demütigungen ausgesetzt sind, gegen die das Verhalten unserer rechtsradikalen Maulhelden vor den Flüchtlingsheimen fast lächerlich wirkt. Diese Menschen würden alles daran setzen, die Gunst der Stunde zu nutzen, bevor die Europäer es sich wieder anders überlegten. Die legalen Wege wären für sie aber nach wie vor verschlossen. Was bliebe ihnen dann noch übrig? Ein vages Versprechen der Europäer, in zwei, drei oder vier Jahren kommen zu dürfen, könnte dabei kaum einen überzeugen. Auch könnten diejenigen, die bereits auf dem Weg sind, nicht zurück nach Hause, weil sie die Enttäuschung der Familien, die zusammengelegt hatten, um die Reise zu finanzieren, nicht ertragen könnten oder wollten. Also würden sie weiter jede noch so kleine Chance nutzen, um doch irgendwie Europa zu erreichen. Das Flüchtlingsdrama mitsamt dem Schlepperunwesen würde also nicht nennenswert beseitigt.

Im Gegenteil ist sogar damit zu rechnen, dass der Ruf: „Öffnet das Tor!" noch sehr viel mehr auf die Idee bringen wird, die Gelegenheit beim Schopfe zu packen und ihr Glück in Europa zu suchen. Durch legale Wege wird die Zuwanderung insgesamt erleichtert, auch wenn nicht alle diese legalen Wege einschlagen können. Je leichter aber die Zuwanderung wird, je niedriger die Hürden sind, desto mehr Menschen werden sich aufraffen, um sie zu überspringen. Die Gesamtzahl der Migranten wird also wahrscheinlich sogar erheblich ansteigen – und damit auch die Zahl der Opfer, die beim Versuch nach Europa zu gelangen, ihr Leben verlieren.

These 86: Wir müssen den Anfängen wehren

Wir Deutschen haben große Übung im Ziehen von Lehren aus der Geschichte. Kein Volk weltweit steckt soviel Energie in die „Aufarbeitung" der eigenen (Un-)Taten und trotzdem ist es vielen besonders kritischen Geistern immer noch nicht genug. Allerdings dreht sich dabei alles in der Hauptsache um die traumatischen zwölf Jahre der deutschen Geschichte und dabei nur um die schlimmen Geschichten, alles andere tritt zurück oder wird ganz ausgeblendet. Das Fazit jeder Behandlung des Nationalsozialismus mündet schlussendlich in der Aufforderung: *»Wehret den Anfängen!«*

Diese Erkenntnis ist sicher nicht falsch, aber sie wird meines Erachtens zu oft bei Sonntagsreden zur Schau gestellt und gleichzeitig maßlos überschätzt. Die Hoffnung, die Menschen könnten aus den Fehlern der vorhergehenden Generation lernen, ist ebenso löblich, wie zum Großteil illusorisch. Sicher gibt es über die Jahrhunderte Fortschritte, doch im verlangten Tempo und dem gewünschten Rahmen, um Multikulti gelingen zu lassen, wird es nicht vonstatten gehen. So wie die Kinder oft die gleichen Fehler der Eltern wiederholen und sich ihre „Hörner abstoßen" müssen, so verhalten sich auf Gesellschaftsebene auch die neu heranwachsenden Generationen gegenüber ihren Altvorderen. Nicht zuletzt werden deren Verfehlungen oft im Rückblick aus der Warte des Besserwissers angeprangert, in dem trügerischen Bewusstsein, man selbst wäre beispielsweise den Naziparolen nicht auf den Leim gegangen und man hätte sich ganz sicher nicht in diese kolossalen Schweinereien verstrickt.

Wenn dagegen tatsächlich eine Lehre aus der Geschichte hervorsticht, dann die, dass offenbar jede Generation nicht nur ihre eigenen Fehler macht, sondern dabei ähnlich übertreibt wie die vorhergehende. Wir wechseln bei unserem Handeln und damit auch bei der viel beschworenen Aufarbeitung häufig von einem Extrem ins andere, sind von unseren eigenen Überzeugungen ebenso geblendet wie alle vor uns und schießen genauso weit und viel zu oft über das Ziel hinaus, wenn wir meinen, unsere mühsam gewonnenen Wahrheiten gegen Sektierer und Andersgläubige verteidigen zu müssen. Die Ideologien und Weltanschauungen wechseln, das Prinzip leider nicht.

Daran schließt sich eine wichtige Beobachtung an: Weder Reiche noch Ideen gehen unter, weil die Bedrohungen von außen sie erdrücken, sondern in den meisten Fällen, weil sie ihre eigenen Möglichkeiten maßlos überschätzen und drohende Gefahren maßlos unterschätzen. Hier wird wiederum eine der meines Erachtens wichtigsten Erkenntnisse der Geschichte deutlich:

Prinzipienreiter sind oft ebenso gefährlich wie Gewaltverbrecher – und manchmal sogar gefährlicher!

These 87: Wir Deutschen haben eine Sonderrolle aufgrund unserer Geschichte

Die derzeit bei uns vorherrschende, dem Zeitgeist entsprechende Weltanschauung zieht ihren Inhalt und ihre Rechtfertigung zu großen Teilen aus der Nazizeit. Um die wichtigsten der aktuellen Übertreibungen herauszuschälen, braucht man also im Grunde nicht viel mehr, als das Gegenteil der damaligen zu betrachten:

Die Nazis steigerten beispielsweise den kriegerisch-militärischen Anteil der menschlichen Existenz in eine grenzenlose Militarisierung. Folglich wird als Gegenreaktion der Pazifismus bis hin zum Fundamental-Pazifismus als das einzig richtige Verhalten gepriesen und alles Soldatische in die Ecke des Verbrechertums gerückt. Als Reaktion auf die Überhöhung des Nationalstaates und nationalen Empfindens wird dem Nationalstaatlichen alle Schuld für die Katastrophen des 20. Jahrhunderts angelastet. Damit hängt die unerträgliche und geradezu dämliche Deutschtümelei zusammen, welcher heute eine ebenso unerträgliche und dämliche *»Inländerfeindlichkeit«*[152] gefolgt ist. Und dem Rassenwahn der Nazis, der nur in der absoluten Reinhaltung der eigenen Rasse die einzige Überlebenschance sah, wird die Utopie der größtmöglichen Vermischung als bessere Gesellschaft entgegengesetzt.

Trotz dieser proklamierten Sonderrolle, die bisweilen die Ausmaße einer regelrechten Nazi-Neurose annimmt, wird genauso dringend darauf hingewiesen, dass es als Lehre aus der leidigen Historie auf keinen Fall mehr einen deutschen Sonderweg geben dürfe. Aber die Realität sieht anders aus, denn die Prinzipienreiterei und damit der Hang zum Extremen stellt eine grundsätzliche Verlockung dar, der wir Deutschen offenkundig mehr verfallen als andere. Hans Magnus Enzensberger formuliert es so:

> *»Die Neigung zum Prinzipiellen gehört zu den sprichwörtlichen Traditionen der deutschen Intelligenz. Sie führt nicht nur zu einer fortwährenden ethischen Selbstüberforderung und zu einem wiederkehrenden Verlust an Glaubwürdigkeit;...«*[153]

In meinen Augen ist das sogar die bedeutendste Ursache, warum das 20. Jahrhundert nicht zum „deutschen Jahrhundert" im positiven Sinne wurde, sondern zum größten Zivilisationsbruch der Geschichte führte. Inzwischen sind wir wieder auf dem besten Wege in eine ähnliche Entwicklung - mit dem alt bekannten Gebaren des Besserwissers, allerdings diesmal des moralischen Zuchtmeisters für ganz Europa, wenn nicht für die ganze Welt. Enzensberger weiter:

> *»... sie hat auch noch eine andere unerfreuliche Seite. Als fiele es den Deutschen nicht schon schwer genug, mit sich selber und mit ihren Nachbarn ins reine zu kommen, sollen nun die Bösewichter von gestern zum selbstlosen Vorbild für alle andern werden, auf daß am bußfertigen deutschen Wesen die Zweite und die Dritte Welt genese.«*[154]

Daher fühlen sich die deutschen Prinzipienreiter nun gemüßigt, nach der Katastrophe des Tausendjährigen Reiches mit seiner bis ins Perverse übertriebenen Unmenschlichkeit alle anderen in Sachen Menschlichkeit zu übertreffen.[Q] Auch der Großmeister der deutschen Historikerzunft, Heinrich August Winkler, kommentierte diese Entwicklung besorgt:

[Q] Kathrin Göring-Eckhardt, Bündnis90/Grüne, frohlockte angesichts der *»Teddywerfer«*, welche syrische Flüchtlinge auf deutschen Bahnhöfen begrüßten, am 09.09.2015 im Bundestag: *»Wir sind plötzlich Weltmeister der Hilfsbereitschaft und Menschenliebe«*, Quelle: *https://www.gruene-bundestag.de/parlament/bundestagsreden/2015/september/katrin-goering-eckardt-haushalt-2016-generaldebatte.html*

»Ich sehe die Gefahr, dass wir in Deutschland eine Art Sondermoral entwickelt haben, die sich steigern kann bis zur Proklamation eines deutschen Moralmonopols. Ich beobachte, vor allem seit dem letzten Herbst, eine Art von fast schon nationalistisch wirkendem Sendungsbewusstsein namentlich links der Mitte.«[155]

These 88: Das Asylrecht kennt keine Obergrenze

Das Asylrecht nach Artikel 16 des Grundgesetzes sieht keine Obergrenze vor. Ob aber das deutsche Asylrecht tatsächlich nicht nach oben begrenzt werden kann, hatte der ehemalige Richter am Bundesverfassungsgericht, Udo Di Fabio, in einem Gutachten zur Grenzsicherung relativiert. Di Fabio stellte zunächst einmal fest, dass der Bund die Pflicht habe, die Außengrenzen des Landes effektiv zu sichern und dabei ungesetzmäßige und unkontrollierte Einreise zu unterbinden. Dies ergebe sich aus Artikel 20, dem sogenannten Bundesstaatsprinzip, worin u. a. das Zusammenwirken von Bund und Ländern geregelt werde. Der Verfassungsrichter Di Fabio zweifelte aber daran, dass der Bund während der Flüchtlingskrise 2015/16 seine Pflichten nach Art. 20 erfülle und daher gebe es viele Anzeichen dafür, dass die damalige Politik der Bundesregierung verfassungswidrig gewesen sei.

Grundsätzlich habe die Bundesregierung zwei Möglichkeiten in der Asyl-Debatte:

a) Sie geht von einem individuellen Asylrecht aus. In diesem Falle kann es tatsächlich keine rechtliche Obergrenze für die Aufnahme von Flüchtlingen geben.

Gleichzeitig müsste dann allerdings auch Artikel 16 Absatz 2 Grundgesetz gelten, die sogenannte Drittstaatenregelung. Demnach müssten alle Flüchtlinge, die aus sicheren Herkunftsstaaten zu uns gekommen sind, an der Grenze zurückgewiesen werden.

b) Der Bund legt einen internationalen Flüchtlingsbegriff zugrunde, der sich beispielsweise auf die Genfer Flüchtlingskonvention beruft.

In diesem Falle müsse es zwingend eine Kontingentierung beziehungsweise festgelegte Obergrenzen geben, weil das Grundrecht auf Asyl mit anderen Grundrechten der Verfassung konkurriere und nicht allein für sich betrachtet werden könne.

In beiden Fällen müsse sich die 2015 praktizierte Politik der Bundesregierung ändern, wenn sie in Zukunft verfassungskonform sein solle.[156] Bei anderer Gelegenheit fasst Di Fabio zusammen:

> *»Das Grundrecht auf Asyl hat keine Obergrenze. Das hat die Bundeskanzlerin richtig wiedergegeben. Nur die auf dem Landweg ins Land kommen, können sich auf dieses Grundrecht nicht berufen. Das ist der zweite Teil der Botschaft. Das heißt, wir müssen nicht das Asylrecht ändern, wie das manche Politiker fordern, wir haben einzig und allein ein Vollzugsproblem. Deshalb ist mir der Rechtsstaat wichtig. Das Recht wird nicht angewandt.«[157]*

Die rechtliche Auffassung Di Fabios wurde vom ehemaligen Präsidenten des Bundesverfassungsgerichts, Hans-Jürgen Papier, unterstützt, der die unbegrenzte Einreise auch für einen Fehler hielt und eine Bedrohung der staatlichen Integrität befürchtete, weil die Diskrepanz zwischen Recht und Wirklichkeit in der rechtsstaatlichen Ordnung der Bundesrepublik noch nie so tief gewesen sei.[158]

Aber wenn allein nach den Buchstaben des Artikels 16 des Grundgesetzes gehandelt werden soll, dann gibt es keine zahlenmäßige Obergrenze für die Aufnahme von Flüchtlingen, ebenso wie die Allgemeine Erklärung der Menschenrechte diese nicht hergibt. Dennoch hat die deutsche Regierung den Fehler, der 2015/16 mit der Politik der offenen Türen (und der offenen Herzen) begangen wurde, erkannt und ist seither bemüht, die

Grenzen des Landes stärker zu sichern und sogar Abschiebungen von abgelehnten Asylbewerbern vorzunehmen, an die vor 2015 niemand auch nur im Traum gedacht hätte.

These 89: Das Asylrecht darf nicht aufgeweicht werden

In der Diskussion um die Aufnahme von Flüchtlingen wird immer wieder auf die Unveräußerlichkeit der Menschenrechte hingewiesen. Eines dieser Menschenrechte ist Gegenstand des Artikels 16 des Grundgesetzes, das Recht auf Asyl. Und dieses Recht auf Asyl, so die Sichtweise, dürfe weder aufgeweicht, noch irgendwie verwässert werden.

Perspektivwechsel: Als einer der wichtigsten Bausteine nicht nur unseres Grundgesetzes, sondern im Katalog der Menschenrechte überhaupt kann mit Fug und Recht die Meinungsfreiheit gelten. Sie ist ein wesentlicher Teil des Fundamentes, auf dem alle anderen Bestandteile aufgebaut wurden und ohne die alle anderen auf Dauer nicht funktionieren können.

Aber ausgerechnet dieses Fundamental-Recht der freien Meinungsäußerung beschränken wir in vielfacher Hinsicht! Wer den Holocaust leugnet, wer öffentlich den Hitlergruß zeigt oder sagt, er finde Juden, Muslime, Schwarze usw. blöd, nur weil sie Juden, Muslime, Schwarze usw. sind, muss damit rechnen, nicht nur moralisch, sondern auch rechtlich belangt zu werden. Als Begründung wird u. a. angeführt, es sollten Gefahren abgewendet werden, die unsere die freiheitlich-demokratische Grundordnung, bedrohen könnten. Aber selbst die Allgemeine Erklärung der Menschenrechte gibt diese gern akzeptierten Beschränkungen nicht her. In deren Artikel 19 heißt es:

»Jeder hat das Recht auf Meinungsfreiheit und freie Meinungsäußerung; dieses Recht schließt die Freiheit ein, Meinungen ungehindert anzuhängen sowie über Medien jeder Art und ohne Rücksicht auf Grenzen Informationen und Gedankengut zu suchen, zu empfangen und zu verbreiten.«[159]

Trotzdem stört sich kaum jemand an diesen in Deutschland praktizierten Einschränkungen des Grundrechtes auf freie Meinungsäußerung, auch die Fundamental-Ethiker nicht, welche auf der Absolutheit des Asylrechtes bestehen. Gerade sie finden es oft derart unerträglich, die Meinung bestimmter „Andersdenkender" anhören zu müssen, dass sie als erste und am lautesten nach (rechts-) staatlicher Unterbindung rufen.

Damit soll nicht den unflätigen Parolen ewig gestriger Spinner das Wort geredet oder diesen gar ein Freibrief geben werden, aber das passt nicht zusammen! Denn Unser Grundgesetz mitsamt der freiheitlich-demokratischen Grundordnung könnte genauso bestehen, auch wenn Artikel 16 mit dem Recht auf Asyl gar nicht darin enthalten wäre. Es könnte aber ohne die Meinungsfreiheit schlechterdings eingestampft werden. Das Asylrecht kann also durchaus als „nachrangiges" Recht gelten. Das Grundrecht auf freie Meinungsäußerung bildet dagegen den harten Kern der demokratischen Daseinsvorstellung. Aber ausgerechnet dieser Nukleus unseres gesamten Selbstverständnisses kann beschnitten werden, um mögliche Gefahren abzuwehren, das Asylrecht aber nicht?

These 90: Aus humanitären Gründen sind wir verpflichtet, Flüchtlinge aufzunehmen

Unabhängig von der rechtlichen Situation muss auch eine moralische Betrachtung angestellt werden. Unsere heutige, moderne Moralvorstellung wurde ganz entscheidend von einem der bedeutendsten Philosophen der Neuzeit beeinflusst: Immanuel Kant. Seine Ansichten darüber, was den Menschen besonders macht und wie dieser sich zu verhalten habe, prägen unser Wertesystem in ganz entscheidendem Maße. In Bezug auf Moral und „Gutsein" kam er zu folgendem Schluss:

> *»Die Frage war nicht, ob der Mensch von Natur aus gut war, sondern, inwiefern sein Menschsein ihn dazu verpflichtete, gut zu sein. [...] Er überlegte, dass weder die Begabung oder der Charakter noch günstige*

> *Lebensumstände eines Menschen das Gutsein sicher-*
> *ten, sondern allein der Wille. [...] Diese Aufforderung*
> *zum grundsätzlichen Gutsein nannte Kant den katego-*
> *rischen (grundsätzlichen) Imperativ (Aufforderung).«*

Dieser lautet in der bekanntesten Formulierung:

> *»Handle stets so, dass die Maxime deines Willens je-*
> *derzeit zugleich als Prinzip einer allgemeinen Gesetz-*
> *gebung gelten könne.«*[160]

Aus der sogenannten „rigoristischen" Auslegung dieses kategori-
schen Imperativs kann eine direkte Linie gezogen werden zu einer „rigoristischen" Auslegung des Asylrechtes. Demnach muss
dann ausnahmslos jedem geholfen werden, der darum bittet,
völlig unabhängig davon, wer um Hilfe bittet oder welchen Einfluss die Gewährung dieser Hilfe auf die Helfenden hat, auf deren Befinden, deren Befürchtungen oder deren (möglicherweise
endlichen) Fähigkeiten zu helfen. Konsequenterweise setzt
diese Auslegung durch Fundamental-Ethiker sogar voraus, notfalls bis zum eigenen bitteren Ende zu helfen.

Auf diese Gefahr deutete auch Immanuel Kant mit seinem sogenannten Galgenbeispiel, in dem *»falsches Zeugniß wider einen
ehrlichen Mann«*[R] gefordert wird, schon hin. *»Fiat justitia et per-
eat mundus«;* Übersetzung: *»Es möge Gerechtigkeit geschehen
und gehe die Welt darüber zugrunde«.*[161] Dieser, dem Papst Ha-
drian VI. (1459–1523) entlehnte Satz, selbst wenn er ursprüng-
lich in einem anderen Zusammenhang gesetzt wurde, weist
deutlich auf die möglichen Auswirkungen der Prinzipienreiterei
von Fundamental-Ethikern hin. Ob sich wirklich alle, die solche
Forderungen erheben, der Konsequenzen auch bewusst sind
und vor allem, ob die Bürger, die ungefragt dieser massiven Zuwanderung ausgesetzt sind und sie tragen müssen, wirklich be-

---

[R] In seinem Galgenbeispiel beschreibt Kant einen Mann, der die Wahl
hat, ein falsches Zeugnis gegen *»einen ehrlichen Mann«* abzulegen und
damit sein Leben zu retten oder nicht. Tut er das nicht, weil er seinen
moralischen Anspruch über sein Leben stellt, stirbt er den Tod am Gal-
gen. Quelle: Kritik der praktischen Vernunft, § 6, Anmerkung.

reit sind, diesen Weg so konsequent mitzugehen, darf doch bezweifelt werden.

Nun wird entgegnet werden: Aber da sind wir doch noch lange nicht! Auch mit den Millionen, die gerade gekommen sind und in den nächsten Jahren vielleicht noch kommen werden, können wir, bei etwas gutem Willen, fertig werden, ohne unsere ganze Gesellschaftsstruktur in Gefahr zu bringen.

Vordergründig ist das sicherlich so. Wir stehen noch längst nicht am vielfach befürchteten Abgrund, denn ganz im Gegenteil scheint die Wirtschaft unaufhörlich zu brummen und sie beschert uns Rekorde bei den Steuereinnahmen. Aber wie dauerhaft sind diese Rekorde? Wer geht ernsthaft davon aus, dass das momentane Konjunkturhoch unaufhörlich weiter geht?

In keinem westeuropäischen Land mit hohem Migrantenanteil sind die daraus entstandenen Probleme auch nur annähernd gelöst. Trotzdem sollen immer weitere Migranten hinzukommen. Daher sind wir mit dem jetzt schon sehr hohen Zuwandereranteil und erst recht mit dem nicht versiegenden Zustrom immer neuer Flüchtlinge und Wirtschaftsmigranten auch weiterhin zu stetigem Wachstum verdammt, denn jede noch so kleine Konjunkturkrise lässt Verteilungskämpfe anschwellen und die Bereitschaft sinken, aufeinander zuzugehen (auf beiden Seiten!) und freiwillig abzugeben. Jeder ernste Wirtschaftseinbruch wird dagegen sogar Szenarien mit sich bringen, die sich niemand wirklich vorstellen mag. Derartige Szenarien werden jedoch hartnäckig ausgeblendet – besonders von jenen Beschwörern der Zuwanderung, die seit Jahrzehnten genau vor diesem Fetisch des fortwährenden Wirtschaftswachstums gewarnt haben und immer noch warnen.

Sicher darf die Bereitschaft, anderen zu helfen, nicht ausschließlich auf dem momentanen Befinden dessen beruhen, der Helfen soll. Dies zu verhindern und u. a. die Hilfsbereitschaft auf eine grundsätzlichere Basis zu stellen, war ein großes Anliegen Immanuel Kants. Als Folge hat beispielsweise der Tatbestand der unterlassenen Hilfeleistung auch Eingang in unserer Rechtsprechung gefunden. Wenn diese Koppelung an eine grundsätzliche Verhaltensbasis jedoch als Blankovollmacht genutzt wird, die Hilfsbereitschaft bis zur Schmerzgrenze und darüber hinaus zu erzwingen, was mit dem unaufhörlichen Verweis auf unsere *»moralische Verpflichtung«* ohne Zweifel getan wird, dann kann diese Übertreibung langfristig nur zur Katastrophe führen. Denn jede Hilfsbereitschaft ist immer auch ein beträchtliches Stück weit an die Freiwilligkeit des Helfenden gekoppelt und Freiwilligkeit lässt sich nicht beliebig lange erzwingen, ohne dass sich dies früher oder später rächt.

Die Nazis haben die Unmenschlichkeit übertrieben. Wir schaffen aber keine bessere Welt, wenn wir genau das Gegenteil dessen übertreiben, was die Nazis übertrieben haben. So schwer es für manchen zu ertragen sein mag, auch Menschlichkeit und Hilfsbereitschaft können übertrieben werden. Dann nämlich, wenn zwar einigen Flüchtlingen geholfen wird, die Notsituation der Zurückgebliebenen dadurch aber nicht nennenswert verbessert, sondern nur noch fester zementiert, noch hoffnungsloser wird und wenn die Verhältnisse bei den Helfern Gefahr laufen, zerrüttet und destabilisiert zu werden.

These 91: Wutbürger dürfen nicht die Politik bestimmen

Gerade die Abschiebungen in (wenigstens teilweise) als „sicher" definierte Herkunftsländer wie Afghanistan demonstrieren, dass die Sorgen und Nöte der Basis manchmal auch bis nach ganz oben dringen. Man könnte fast sagen: Der „Wutbürger" hat sich Gehör verschafft.

Dieser „Wutbürger" hat aber keinen guten Ruf. Der Begriff geht übrigens auf einen Essay des Journalisten Dirk Kurbjuweit zurück, welcher 2010 im SPIEGEL erschien. Nach Ansicht des Autors

> *»bricht [der Wutbürger] mit der bürgerlichen Tradition, dass zur politischen Mitte auch eine innere Mitte gehört, also Gelassenheit, Contenance. Der Wutbürger*

> *buht, schreit, hasst. Er ist konservativ, wohlhabend und nicht mehr jung. Früher war er staatstragend, jetzt ist er zutiefst empört über die Politiker. [...]*
>
> *Der Wutbürger hat das Gefühl, Mehrheit zu sein und die Lage besser beurteilen zu können als die Politik. Er macht sich zur letzten Instanz und hebelt dabei das gesamte System aus.«*[162]

Spätestens seit Kritiker der Zuwanderung auf die Straße gehen, ihren Unmut lautstark kundtun und dabei sogar die Parole *»Wir sind das Volk«* für sich reklamieren, gilt die Bezeichnung „Wutbürger" als vollständig diskreditiert. Die „Wutbürger" dürften daher nicht Maßstab für seriöse Politik sein.

Diese Betrachtung hat allerdings auch noch eine andere Seite:

Zunächst einmal muss festgestellt werden, dass sehr viele maßgebliche Veränderungen der Moderne mit dem Protest von „Wutbürger" angefangen haben, welche sich über Missstände in der jeweiligen Gesellschaft erregten und das Gefühl hatten, *»die Lage besser beurteilen zu können als die Politik«*:

- Die Abschaffung monarchischer Herrschaftsstrukturen und der Vorrechte des Adels wären ohne die „Wutbürger" beispielsweise der amerikanischen und noch mehr der französischen Revolution nicht denkbar.

- Die Rechte der Arbeiterschaft wurden von „Wutbürgern" in harten Auseinandersetzungen mit Industriebaronen und der Obrigkeit erstritten. Dabei waren Streiks und Proteste bis hin zu regelrechten Aufständen und das Schüren von sozialen Unruhen probate Mittel.

- „Wutbürger" und vor allem „Wutbürgerinnen" gingen für die Gleichberechtigung der Frauen auf die Straße. Von den sogenannte Souffragetten um 1900 bis zur Frauenbewegung der vergangenen Jahrzehnte mussten alle mit viel Geschrei auf ihr Anliegen aufmerksam machen.

- Schließlich waren die Protestler der „68er" geradezu klassische „Wutbürger". Ihre Empörung gegen das *»reaktionäre*

Establishment« war immer mit viel Radau verbunden und ihr besserwisserischer Impetus machte nicht einmal vor ihren intellektuellen Vordenkern halt.

Über diese Beispiele hinaus wurden das Ringen um die Gleichberechtigung von Minderheiten und überhaupt alle Freiheitsbewegungen und -kämpfe von „Wutbürgern" getragen. Dabei waren zumindest deren Wortführer immer der Ansicht *»die Lage besser beurteilen zu können als die Politik«*, respektive als die jeweils gerade Herrschenden. Und bisweilen machten sie *»sich zur letzten Instanz und hebelten dabei das gesamte System aus«.*

In Bezug auf das aktuell brennendste Gesellschaftsthema kann festgehalten werden: Die Integration von Millionen Zuwanderern ist eine riesengroße Herausforderung. Das wird von allen freimütig eingeräumt – egal ob Befürworter oder Gegner. Genauso unstrittig ist, dass sich durch diese groß angelegte Migration das Land ändern wird und die Menschen sich ändern müssen, wenn das Vorhaben gelingen soll. Denn nicht umsonst werden allerorten Kennenlernen, Aufklärung und Bildung für diejenigen Bürger verordnet, die dem Miteinander der vielen unterschiedlichen Gruppen nach wie vor skeptisch bis ablehnend gegenüberstehen.

Ein Gedankenspiel: Angenommen der bunte, multikulturelle Gesellschaftsentwurf wäre tatsächlich ein gefährlicher Irrweg. Ein Irrweg, weil er geradezu den „besseren Menschen" erfordert (den wir aber nicht haben) und weil er eine „Balkanisierung" nach sich zieht, also eine Zersplitterung der Gesellschaften in viele Kleingruppen mit wenig Gemeinsamkeiten und Zusammenhalt, welche bei ernsten Krisen wie ein Sprengsatz wirken würde. Dann stellte das multikulturelle Experiment nicht nur eine riesengroße Herausforderung dar, sondern es drohte, die Herausgeforderten – trotz aller Anstrengungen – fast zwangsläufig zu überfordern.

Ganz abwegig ist dieses Gedankenspiel nicht, denn in allen westlichen Aufnahmeländern ist die viel beschworene Integration bisher nur sehr mäßig gelungen und überall wachsen die Probleme in den Ballungszentren der Migration eher an, als zu verschwinden. Dadurch verstärken sich die Probleme des Zusammenlebens, was gerade in Krisenzeiten zu Spannungen entlang ethnischer Grenzen führt und in unbeherrschbaren Gewaltexzessen enden kann. In der Geschichte konnten derartige Entwicklungen sehr häufig beobachtet werden. Diese Voraussetzungen, also die Zersplitterung der Gesellschaften und die nicht zu lösende Aufgabe der Integration von Millionen, legen also durchaus nahe, dass man sich Sorgen um die Zukunft machen könnte.

Wie könnten nun Bürger, die diese Gefahren meinen erkannt zu haben, darauf hinweisen, ohne als „Wutbürger" aufzutreten, angesichts eines rechthaberischen *»Establishments«*, welches jeden Zweifel an seinen Gesellschaftsvorstellungen als Populismus, Hetze, Fremdenfeindlichkeit und plumpes Schüren von Ängsten ächtet? Aber nun beschweren sich ausgerechnet die notorischen „Wutbürger" der ehemaligen 68er (und deren ideologische Nachfahren) darüber, dass andere genau ihre Widerstandsformen aufgreifen, nur diesmal gegen ihre eigene Weltanschauung gerichtet.

Geht es noch scheinheiliger – und undemokratischer?

These 92: Wir müssen „klare Kante zeigen"

In planmäßiger Folge dieser Diskreditierung aller Wutbürger begeht die heutige, links-intellektuell beeinflusste Elite nun den gleichen Fehler, wie die vormals konservative beim Aufkommen der Studentenproteste Ende der 1960er Jahre. Damals wurde mit der harschen Reaktion des vorherrschenden, national-konservativen *»Establishments«* der Grundstein gelegt für deren „Wachablösung" durch die aufbegehrenden Studenten mit ihren zum Teil völlig konträren Ansichten zu Staat, Gesellschaft, geschichtlicher Verantwortung, Verteidigung und Militär bis hin zum deutschen Selbstverständnis.

Statt auf die angeprangerten und zweifellos vorhandenen Missstände einzugehen, wurden die Protestierenden als Spinner, *»linksradikale Randalierer«* oder – immer wieder gern! – als staatsgefährdend und *»Gegner unserer Demokratie«*[163] usw. beschimpft. Gefährlich waren sie tatsächlich für die konservativen Eliten und deren Wertvorstellungen, denn beispielsweise hat sich die Abneigung der „68er" gegen alles Nationale und den Nationalstaat, insbesondere den deutschen, heute weitgehend durchgesetzt und kulminiert bei unseren (links-liberalen) Eliten in der Abneigung gegenüber allem nationalen Pathos und besonders gegenüber alldem, was spezifisch Deutsch war bzw. ist.

Weite Teile des heutigen *»Establishments«*, über Jahrzehnte derart beeinflusst und geprägt, reagieren nun genauso engstirnig und kurzsichtig auf Proteste gegen ihre eigenen Vorstellungen von Gesellschaft, buntem Miteinander und Zuwanderung wie die *»reaktionären Spießer«* damals: Angesichts der Terroranschläge islamistischer Extremisten, der Flüchtlingskrise 2015/16 oder der Ereignisse an Silvester des gleichen Jahres und der daraus resultierenden wachsenden Besorgnis mit Blick auf die Massenzuwanderung wird zwar schon mal von *»wir müssen die Ängste ernst nehmen«* schwadroniert, aber ernsthafte Kritik am Kurs der grenzenlosen Zuwanderung wird sofort als Panikmache und das Schüren von (angeblich unbegründeten) Ängsten abgekanzelt. Weitgehend alle Kritiker sind Populisten, wenn nicht gar Rassisten und Hetzer und selbstverständlich staatsgefährdend und *»Gegner unserer Demokratie«*. Und die zunehmende Spaltung der Gesellschaft geht natürlich ausschließlich auf deren Konto. Sogar Berufsverbote werden offenbar schon gefordert[164] und indirekt auch schon verhängt, genau wie bei der Hatz auf linke Abweichler vom Mainstream im Anschluss an die Studentenunruhen der 1960er Jahre.[S]

[S] Das zeigt das Beispiel Thilo Sarrazins, der aufgrund seiner Äußerungen im Zusammenhang mit der Migration immerhin seinen Job bei der Bundesbank verloren hatte, obwohl er nachweislich finanzfachliche Eignung besitzt und die Ansichten zum Thema Migration eigentlich keine Einstellungsbedingung für die Deutsche Bundesbank sein können. Hätte

Anders als bei den Studenten von damals, die noch stärker mit jugendlichem Idealismus aufgeladen waren und deshalb leichter zu Demonstrationen auf die Straße zu bringen waren, gehört die *»radikale Gefahr«* der Gegenwart stärker älteren Generationen an: *»Er ist konservativ, wohlhabend und nicht mehr jung«* (siehe Charakterisierung des Wutbürgers durch den Journalisten Dirk Kurbjuweit).

Dadurch haben sie im Durchschnitt auch mehr zu verlieren, wenn sie sich als Revoluzzer „outen", als die Habenichtse der damaligen Revolten, die zudem noch am Anfang ihres Berufs- und Erwerbslebens standen und aufgrund der wirtschaftlichen Rahmenbedingungen gewissermaßen eine Jobgarantie hatten. Beides führt dazu, dass viele der Sympathisanten der heutigen Protestierer gegen das *»Establishment«* (noch) nicht medien-wirksam in Erscheinung treten. Das darf allerdings nicht darüber hinwegtäuschen, dass sich innerhalb dieser Gesellschafts-gruppen aufgrund ihrer übergangenen ernsthaften Bedenken bis hin zur Furcht vor der als überbordend empfundenen Zuwande-rung eine zunehmende Frustration aufbaut.

Sicher gibt es auch echte Rassisten und Hetzer unter den Geg-nern des Mulitkultikurses, denen energisch entgegengetreten werden muss. Jedoch ist diese grundsätzliche Diffamierung fast aller Kritiker genauso bigott und kontraproduktiv wie die Reak-tion der *»Reaktionären«* auf die Studentenproteste. Ganze Be-völkerungsteile werden pauschal diskreditiert und damit der Ge-sellschaft entfremdet. Deren Vertrauen und Solidarität zum „Ganzen" werden dadurch untergraben – genauso wie seinerzeit bei den 68ern das Vertrauen in den *»Schweinestaat«* und seine konservativen Vertreter untergraben wurde. Schlussendlich wird dadurch die immer wieder beklagte Spaltung der Gesellschaft massiv gefördert und einer zunehmenden Radikalisierung von

---

Sarrazin tatsächlich rassistische und menschenfeindliche Äußerungen von sich gegeben, wie von vielen seiner Kritiker behauptet, hätten diese sich sicher nicht die Gelegenheit entgehen lassen, ihn deshalb vor Ge-richt zu ziehen. Das ist aber meines Wissens nicht geschehen.

170

Teilen aus der Gruppe der »Geächteten« zum rechten Rand hin Vorschub geleistet.

Allenthalben wird ein Rechtsruck nicht nur in Deutschland, sondern auch in ganz Europa festgestellt – meist mit einem gewissen Erschrecken verbunden. Möglicherweise deutet sich hier eine erneute „Wachablösung" an. Warum? Weil die Links-Spießer im Grunde genauso wenig die »Freiheit des Andersdenkenden« respektieren und deren Kritik am eigenen Kurs ernsthaft bedenken, wie ihre reaktionären Vorläufer.

These 93: Übertreibungen führen fast immer zum Gegenteil dessen, was eigentlich beabsichtigt wurde

Im Rückblick werden Übertreibungen immer sehr schnell erkannt und verdammt. Auch unsere Zeit bringt solche Übertreibungen hervor. Diese werden allerdings nicht so leicht erkannt, sondern im Gegenteil oft als notwendig oder sogar als Fortschritt bezeichnet – jedenfalls so lange, bis sie sich als Rückschritt entpuppt haben. Beispielsweise wurden Veränderungen und Erweiterung in der Europäischen Union viel zu schnell vorangetrieben, als dass diese von den Menschen mitgetragen werden konnten. Unter anderem dadurch stößt das ganze Projekt EU bei immer mehr Bürgern auf Skepsis und bei vielen auch schon auf Ablehnung. Durch diese Übertreibungen können viele positive Errungenschaften, welche in und durch die EU in den vergangenen Jahrzehnten erreicht wurden, in Frage gestellt werden und drohen verloren zu gehen. Der Rückschritt durch den übertriebenen Fortschritt ist evident.

Die Gewissheit und die Zwangsläufigkeit, mit der das bunte Miteinander und die multikulturelle Gesellschaft als unabänderliche und unausweichliche Fakten verkündet und vorangetrieben werden, erinnert sehr an die früher mancherorts verkündete Zwangsläufigkeit aller gesellschaftlichen Entwicklungen hin zum Endzustand des Kommunismus. Bekanntlich ist das aber nicht nur grandios schief gegangen und wir sind weiter von einer kommunistischen Gesellschaft (egal, ob in ihrer real existierenden oder ihrer idealisierten Form) entfernt denn je, sondern das Scheitern des real existierenden Sozialismus hat auch sinnvolle Aspekte der kommunistischen Idee auf unabsehbare Zeit diskreditiert.

Nun wird die gescheiterte Utopie des Kommunismus durch die nächste Utopie des Multikulturalismus ersetzt. Mit dem gleichen rechthaberischen Impetus, mit der gleichen Alternativlosigkeit und mit dem gleichen Verdammen aller konterrevolutionären Defätisten. Man muss kein begnadeter Prophet sein, um zu ahnen, wie diese neue Utopie, angesichts der in keinen Land gelösten Probleme mit der fortgesetzten Massenzuwanderung, enden wird. Auch hier droht das Gute und Erhaltenswerte, das unzweifelhaft durch Zuwanderung auch erreicht wurde, verloren zu gehen.

These 94: Die Errungenschaften der Aufklärung müssen verteidigt werden

Angesichts des zunehmend gewalttätigen Widerstandes gegen die Zuwanderung seitens rechtsextremer Rassisten wird immer öfter darauf hingewiesen, dass durch diese Gruppen unser Gesellschaftssystem mit seiner freiheitlich-demokratischen Grundordnung und darüber hinaus sogar die Errungenschaften der Aufklärung bedroht werden. Das ist richtig. Zunächst liegt es auf der Hand, dass diese Kreise jede Zuwanderung als Zumutung verstehen. Darüber hinaus scheint jedoch auch ein Überdruss an Staatsform der Demokratie vorzuherrschen, welchen deren Protagonisten auch immer offener zur Schau stellen. Dies ist eine ernste Bedrohung, sobald Krisenzeiten diesen Leuten mehr Zulauf verschaffen. Aber auch hier stellt das rechte Gefahrenpotenzial nur die eine Seite der Medaille dar. Die andere Seite bedroht die Errungenschaften der Aufklärung mindestens genauso stark – und zwar in mehrfacher Hinsicht:

Bei geschichtlichen Makroentwicklungen wie Aufstieg oder Untergang ganzer Gesellschaften spielt das einzelne Individuum (von Ausnahmen abgesehen) selten eine Rolle, und wenn, dann oft nur als Impulsgeber für das gemeinsame Verhalten vieler. Die Aufklärung und unsere westlichen Werte gehen aber mit einer expliziten Individualisierung einher – so zu sagen als „Kollateralschaden" – welche nicht den Dienst an der Gemeinschaft, sondern die Selbstverwirklichung des Einzelnen zum Ideal erhebt. Zwar werden freiwilliges Engagement und Einsatz für das Gemeinwesen immer wieder gerne gefordert, aber diese Appelle bleiben häufig genauso folgenlos wie die freiwilligen Selbstverpflichtungen der Industrie beispielsweise für mehr Umweltschutz oder für den sogenannten „fair trade" mit Anbietern aus Entwicklungsländern.

Diese dramatische Überhöhung des Individuums kann durchaus als ein systemischer Fehler im westlichen Freiheitsverständnis bezeichnet werden. Denn die überindividualisierten Gutmenschen und *»Gesinnungsbürger«* sind in ihrer Masse weder bereit, noch in der Lage, in ernsten Krisensituationen (und die bestimmen im Wesentlichen den Lauf der Dinge) die wie eine Monstranz vor sich her getragenen *»westlichen Werte«* gegen zu allem entschlossene Gegner zu verteidigen, für sie zu kämpfen und notfalls auch für sie zu sterben.

Folglich ist die Vorstellung, die der individualisierten Gesellschaften des Westens litten an einer mangelnden Wehrbereitschaft, an inneren Zerfall und Dekadenz nicht ganz von der Hand zu weisen. Allenthalben hört man sie, bei konservativen Systemkritikern, aber auch bei Dschihadisten, islamischen Fundamentalisten und ähnlichen erklärten Feinden des Westens – und selbst der *»letzte Welterklärer«* Peter Scholl-Latour stellte schon fest, wir seien im Westen viel zu weich geworden![165]

Der Zusammenhalt und die Wehrbereitschaft innerhalb unserer Gesellschaften wird zudem weiter untergraben durch das Übertreiben der (zweifelsohne gutgemeinten) Hilfsbereitschaft gegenüber allen Menschen und deren massenhafte Aufnahme, sobald sie nur an Europas Türen klopfen (siehe Untersuchung des Harvardprofessors Robert Putnam), u. a. indem durch die pauschale Verteuflung der Multikulti-Kritiker ein Klima des Misstrauens und einer zunehmend aggressiver werdenden Auseinandersetzung zwischen Befürwortern und Gegnern geschaffen wird.

Auch manch linkem Frontkämpfer wird inzwischen etwas mulmig, wenn er an die Überlebenschance der westlichen Kultur denkt. Jakob Augstein, Herausgeber der linken Wochenzeitschrift „Freitag" hat beispielsweise in einem Artikel für SPIEGEL online angesichts der schieren Masse an Flüchtlingen und der damit verbundenen Schwierigkeiten bei deren Integration proklamiert: *»Deshalb sage ich als Linker: Wir müssen für unsere eigene Leitkultur kämpfen.«*[166] Man glaubt es kaum! Bestimmt meint Augstein etwas anderes unter *»Leitkultur«* als beispielsweise Friedrich Merz, der schon einmal einen Vorstoß mit diesem Begriff wagte und heftig dafür gescholten wurde, oder Thomas de Maiziére mit seinem 2017 vorlegten, zehn Punkte umfassenden Katalog zur deutschen Leitkultur.

Aber so einfach wird das nicht gehen. Man kann nicht ungestraft jahrzehntelang auf alles einprügeln, was irgendwie nach Leitkultur und damit zwangsläufig auch ein bisschen nach Kulturkampf und Ausgrenzung, wenn nicht gar nationalem Pathos riecht, und dann plötzlich eine Leitkultur, sprich eine Identität aus dem Hut zaubern, die eine einigende Klammer um alle Gesellschaftsgruppen ziehen könnte und zugleich stark genug wäre, den Belastungen der unruhiger werdenden Zukunft standzuhalten.

These 95: Alles steht auf dem Spiel

Von allen möglichen Kennern und Beobachtern des Weltgeschehens wird inzwischen das Ende der Vorherrschaft des „weißen Mannes" heraufbeschworen. In Anbetracht der Tatsache, dass alle Reiche und Herrschaftsgebilde im Laufe der Weltgeschichte einmal zu Ende gingen, kann dem unvoreingenommen beigepflichtet werden. Das Ende der westlichen Vorherrschaft wird kommen! Die sogenannten Schwellenländer, allen voran China, schicken sich an, diese Vorherrschaft zu übernehmen.

Die Vertreter neuer Systeme bzw. Herrschaftsgruppen haben noch immer das von ihnen jeweils gerade abgelöste Herrschaftssystem mit einer gehörigen Portion Verachtung betrachtet. Hat es sich doch gerade als das falsche, schwache, verfaulte, herabgewirtschaftete und dergleichen erwiesen, sonst wäre man selbst ja nicht ans Ruder gekommen.[167] In unserer deutschen Geschichte zeigte sich dies zuletzt sehr deutlich bei der Machtübernahme der Nazis, welche die abgelöste, bürgerliche Weimarer Republik mit Kübeln von Hohn, Spott und Verachtung überschütteten. Aber auch bei der nachträglichen Bewertung der Nazi-Herrschaft oder des real existierenden Sozialismus in der DDR durch die bundesdeutsche Geschichtsaufbereitung ist diese Tendenz spürbar.

Zu glauben, die zukünftigen Tonangeber im Weltgeschehen würden den wichtigsten Errungenschaften des Westens, der Aufklärung, der Vorstellung der Gleichheit aller Menschen bis hin zur Formulierung der Menschenrechte, den ihnen (in unserer Vorstellung) gebührenden Platz in ihrem eigenen Wertesystem einräumen, wirkt in diesem Lichte mehr als blauäugig. Im Gegenteil scheint es vielmehr möglich, dass diese als in erster Linie westlich geprägte und als westlich empfundene Hinterlassenschaft für die Menschheit abgelehnt werden. Wahrscheinlich werden diese Wertvorstellungen als Gefühlsduseleien und sogar als eine der Ursachen für den Untergang der westlichen Vorherrschaft bezeichnet werden. Als eine nachahmenswerte Errungenschaft werden sie, mit dem Schicksal des Westens vor Augen, aller Voraussicht nach aber nicht gesehen! Unabhängig übrigens davon, ob diese humanistischen Errungenschaften tatsächlich zum Untergang beigetragen haben oder nicht.

Ganz abwegig ist so eine Bewertung ja auch nicht. Besonders, wenn man die im Westen praktizierte Zuwanderungspolitik betrachtet. Denn es zeigt sich, dass es im Rest der Welt kaum jemand als erstrebenswert empfindet, seine eigene Identität, wie auch immer diese aussehen mag, durch starke Zuwanderung zur Disposition zu stellen oder sogar weitgehend aufzugeben, vielleicht abgesehen von ein paar westlich gesinnten Intellektuellen.

Nun wird bei uns die Hoffnung daran geknüpft, dass die massenhafte Zuwanderung ein Erfolgsmodell werden könnte. Sicher gibt es Beispiele für bereichernde, die Wirtschaft belebende Migranten, aber erstens entwickeln diese keine so große Breitenwirkung (trotz politisch korrekter, medialer Überbetonung) und zweitens gibt es auf der anderen Seite zu viele Beispiele nicht gelungener Integration von Zuwanderern. Die großen Probleme, die damit verbunden sind, konnten bisher in keinem westlichen Land mit entsprechender Zuwanderung ausreichend gelöst werden.

Auch die Zukunft ist nicht vielversprechender, denn ungeachtet der enormen öffentlichen und zivilgesellschaftlichen Anstrengungen beispielsweise in Deutschland im Zuge der Flüchtlingskrise 2015/16 konnte **die** Grundvoraussetzung für eine möglicherweise gelingende Integration, die Beschäftigung der Flüchtlinge mit Lohnarbeit, bisher nicht besser erfüllt werden als in der Vergangenheit. Trotz wirtschaftlicher Hochkonjunktur! Was passiert wohl, wenn uns die nächste ernste Wirtschaftskrise ins Haus steht? Weitere Ghettobildungen, wachsende Ungleichheit und Unzufriedenheit sind absehbar - mit all ihren Folgen für die Akzeptanz und Stabilität unserer offenen Gesellschaften.

Alle Befürworter der Zuwanderung geben zu, dass es eine riesengroße Herausforderung darstellt, die vielen Menschen zu integrieren. Jedoch kaum einer der Mulitkultienthusiasten fragt sich, ob diese Herausforderungen von vorn herein vielleicht doch zu groß sein könnten, um sie überhaupt bewältigen zu können. Das ganze Unterfangen ist aber in jedem Falle ein Wechsel[T] auf die Zukunft, der noch keineswegs gedeckt ist - und wehe, wenn er platzt!

Übertreibungen führen sehr oft zum Gegenteil dessen, was beabsichtigt wurde und sie diskreditieren dabei auch gute Ideen.

[T] Wechsel: hier im Sinne eines Schuldscheines!

Ein Beispiel haben wir alle mit dem Untergang des kommunistischen Ostblocks erlebt, dessen Scheitern auch vernünftige Ansätze zur Gestaltung einer gesellschaftlichen Ordnung über Bord warf und damit den neo- und marktliberalen Kräften erst so richtig freie Bahn verschaffte. Als Folge haben wir die ersten Exzesse beispielsweise der globalen Finanzwirtschaft bereits erlebt, aber weitere werden zweifelsfrei folgen.

Wenn es also tatsächlich zu einer Ablösung der westlichen Vorherrschaft kommen sollte, wofür vieles spricht, wird auch von unseren liebgewonnenen Werten, die unmittelbar am Individuum hängen, wie Gleichheit, Gleichberechtigung, wie die universal gültigen Menschenrechte, unbedingte Friedfertigkeit und so weiter und so fort, möglicherweise nicht viel übrig bleiben - jedenfalls nicht so viel, wie wir uns das wünschen. Und ein ganz entscheidender Grund hierfür wird im Rückblick in der Übertreibung der Zuwanderung aus aller Welt innerhalb historisch so kurzer Zeit erkannt werden, weil dadurch die Leistungsfähigkeit der offenen Gesellschaften maßlos überfordert wurde.

Eine letzte Grundsatzüberlegung

Die gesamte Menschheit steht vor gewaltigen Herausforderungen. Der vom Westen geprägte verschwenderische Lebensstil führt weltweit zu großen Umbrüchen. Der Klimawandel mit steigenden Durchschnittstemperaturen verursacht nicht nur verheerende Naturkatastrophen, sondern verschiebt auch die Zonen, in denen Landwirtschaft betrieben werden kann, und vernichtet dabei ganze Agrarregionen. Die unmittelbar bevorstehende sogenannte digitale Revolution in der Arbeitswelt droht, immer mehr Aufgaben überflüssig zu machen, die bisher noch von Menschen erledigt werden. Der hohe Ressourcenverbrauch einer wachsenden und anspruchsvolleren Weltbevölkerung lässt Verteilungskämpfe immer weitreichender und folgenreicher werden.

Jedem auch nur einigermaßen selbstkritischen Beobachter ist klar, dass wir so nicht weitermachen können. Wir haben ein Konsumniveau erreicht, welches auf Dauer die Ressourcen der Erde bei weitem übersteigt, erst recht, wenn eine wie auch immer geartete „globale Gerechtigkeit" dazu führt, auch allen anderen einen ähnlichen Lebenswandel zu ermöglichen. Wenn wir uns ernsthaft gegen diese globalen Fehlentwicklungen stemmen wollten, dann müssten wir neben der Energiewende auch eine „Konsumwende" bzw. eine „Mentalitätswende" als gleichermaßen überlebenswichtig angehen. Stichwort: Weniger ist mehr!

Der Historiker Philipp Blom ist demzufolge auch der Ansicht, es hänge von unserem Verhalten in nächster Zukunft ab, ob demokratische Strukturen, überhaupt die Demokratie und sogar die Menschenrechte weiter fortbestünden oder nur eine Episode der Menschheitsgeschichte wären. Wir befänden uns in einer Art *»Scharnierfunktion«*, denn wir hätten angesichts der bevorstehenden Umbrüche die historische Chance, die Wachstumsgesellschaft in eine Alternative umzubauen, welche *»aufhört, als Parasit den Planeten aufzuessen«*.[168]

Ansätze hierfür gibt es schon, indem etwa das Ziel des individuellen Strebens nicht fortwährend auf mehr Geld, mehr Macht, mehr Konsum und dergleichen ausgerichtet wird, sondern auf mehr Zeit. Mehr Zeit für sich, für die Familie, Freunde usw. bei gleichzeitigem Verzicht auf Verbrauch. Parallel dazu müssten die Strukturen unserer Sozialgesellschaft umgebaut werden, beispielsweise indem nicht mehr in der Hauptsache geleistete Lohnarbeit die soziale Absicherung bestimmt, sondern verstärkt auch andere Kriterien wie ehrenamtliche oder gemeinnützige Tätigkeiten.[169]

Solche Ideen, die naturgemäß nur in wohlhabenden, ausreichend versorgten Gesellschaften gedeihen können, müssen im Kleinen ausprobiert werden. Sollten sie sich bewähren und als realisierbar erweisen, müssten sie auf breitere Ebenen übertragen werden. Andernfalls werden wir von der *»normativen Kraft des Faktischen«* überrannt und laufen relativ unvorbereitet in die unabwendbaren Umbrüche – mit ihren brutalen und blutigen Begleiterscheinungen.

Wie soll dieses „Ausprobieren" aber geschehen, bei fortwährender Zuwanderung, die auch uns in den übersättigten Wohlstandsgesellschaften zu fortwährendem Wachstum zwingt, weil ständig neue, hungrige Gesellschaftsmitglieder hinzukommen, deren Konsumbedürfnisse befriedigt werden müssen? Wie sollen Umverteilung und Neuorganisation bewerkstelligt werden, angesichts der weithin ungelösten Probleme der Integration in allen Ländern mit hohem Migrantenanteil, die im verheerenden Wirken krimineller Familienclans und schließlich im mörderischen Terrorismus islamistischer Extremisten kulminieren? Die dadurch induzierte Verunsicherung breiter Bevölkerungsschichten verringert den ohnehin geringen Zusammenhalt zwischen den vielen unterschiedlichen Gruppen, während sie die tief in uns eingebrannten Ressentiments gegenüber Fremden verstärkt und den eingeschränkten Möglichkeiten von Aufklärung und Bildung weiter den Boden entzieht.

Unter diesen Umständen ist ein rechtzeitiger und vor allem friedlicher Umbau der Gesellschaft nicht möglich!

Anhang

Danksagung

Mein Dank gilt allen Freunden, die dieses schwierige Thema ernsthaft und hartnäckig mit mir diskutierten.

Noch mehr Dank geht an Reinhard, der immer wieder mit hoher Kompetenz und scharfer, aber konstruktiver Kritik zum Gelingen des Vorhabens beigetragen hat.

Der meiste Dank gebührt meiner Frau, die meine ewigen Einsprüche gegen die Vorstellung einer schönen und heilen Welt ertragen hat.

Stichwortverzeichnis

Personenregister

A

Abdel-Samad, Hamed
22, 29, 38, 149
al-Assad, Baschar 143
Augstein, Thomas Jakob
174

B

Bade, Klaus Jürgen 30
Bayezid II. 132
Becker, Dirk 97
Blom, Philipp Sievert
178
Bosbach, Gerd 66f.
Buschkowsky, Heinz
32f.

C

Carstensen, Laura L.
67
Collier, Paul 54, 81

E

Enzensberger, Hans Magnus 158
Erdogan, Recep Tayyip
16, 57, 79

F

Ferrando, Laura 45

G

Ghadban, Ralph 41
Göring-Eckhardt, Kathrin
103

H

Hansen, Random 55ff.
Henkel, Hans-Olaf 4,
119
Hillebrandt, Ernst 148
Hindenburg, Paul von
86
Hitler, Adolf 50, 86,
107, 161
Hussein Saddam 20,
76, 107, 133

K

Kant, Immanuel 46, 49,
162ff., 168
Käsmann, Margot 46
Kelek, Necla 31
Khorchide, Mouhanad
133
Kleber, Claus 114
Klingholz, Reiner 132
Kohl, Helmut 13, 119
Köhler, Horst 145

L

Livingstone, David 130
Lucke, Bernd 70, 119
Ludendorff, Erich 86

M

Maas, Heiko 36
Mansour, Ahmad 21,
26, 30
Marx, Karl 17
Mohammed 23, 104f.,
184

N

Neudeck, Rupert 137f.,
154

O

Oppermann, Thomas
118
Ourghi, Abdel-Hakim
30
Özdemir, Cem 118

P

Papier, Hans-Jürgen
160
Patzelt, Werner 116
Petri, Frauke 152
Precht, Richard David
146
Putnam, Robert 108f.,
126, 174

R

Rousseau, Jean-Jacques 53

S

Scheele, Detlef 61, 65
Scholl-Latour, Peter
173
Schorlemmer, Friedrich
118
Schröder, Gerhard 118
Schulz Martin 96
Seligmann, Rafael 151
Starbatty, Joachim 119
Steinmeier, Frank Walter
118
Strenger, Carlo 134

W

Walser, Martin 47
Winkler, Heinrich August
103, 158

Z

Zetsche, Dieter 68

Literaturverzeichnis

Ali, Ayaan Hirsi: „Reformiert euch – Warum der Islam sich ändern muss", 1. Auflage, Albrecht Knaus Verlag, 2015

Ateş, Seyran: „Der Mulitikulti-Irrtum – Wir wir in Deutschland besser zusammenleben können", 4. Auflage, Ullstein Buchverlage GmbH, 2010

Bertaux, Pierre: „Afrika – Von der Vorgeschichte bis zur Gegenwart", Übersetzung von: Ulrike Renkl und Hans Werner Tobler, Fischer Weltgeschichte Band 32, Fischer Bücherei GmbH, 1966

Besley, Timothy und Reynal-Querol, Marta: „The Legacy of Historical Conflict Evidence from Africa", Economic Research Southern Africa (ERSA) working paper 312, 2012

Browning, Christopher R.: „Ganz normale Männer - Das Reserve-Polizeibataillon 101 und die »Endlösung« in Polen", Übersetzung von: Jürgen Peter Krause, Rowolt Taschenbuch Verlag GmbH, 1996

Bude, Heinz: „Die Ausgeschlossenen. Das Ende vom Traum einer gerechten Gesellschaft", Carl Hanser Verlag, 2008

Bundesministeriums für Bildung und Forschung: „Berufsbildungsbericht 2015"

Buschkowsky, Heinz: „Neukölln ist überall", Ullstein Taschenbuch Verlag, 2012

Buschkowsky, Heinz: „Die andere Gesellschaft", Ullstein Taschenbuch Verlag, 2014

Collier, Paul: „Exodus – Warum wir Einwanderung neu regeln müssen", Übersetzung von: Klaus-Dieter Schmidt, Siedler Verlag, 2014

Deschner, Günther: „Reinhard Heydrich: Statthalter der totalen Macht", Ullstein Verlag, 1987

Di Fabio, Udo: „Migrationskrise als föderales Verfassungsproblem", Gutachten im Auftrag des Freistaates Bayern, 2016

Economic Policy Institute: NAFTA´s Impact on U.S. Workers, Washington, DC/USA, 2013, verfügbar unter: http://www.epi.org/blog/naftas-impact-workers/

Ferguson, Niall: „Der Westen und der Rest der Welt. Die Geschichte vom Wettstreit der Kulturen", Übersetzung von: Michael Bayer und Stephan Gebauer, 3. Auflage, Propyläen Verlag, 2011

Fukuyama, Francis: „Das Ende der Geschichte – Wo stehen wir?", Kindler Verlag, 1992

Geoffrey Barraclough (Hg.): „Atlas der Weltgeschichte", Bechtermünz Verlag, 1997

Ghadban, Ralph: „Der Multikulturalismus als Ideologie der Desintegration", Vortrag beim 11. Wiener Kulturkongress (29.-30.11.2005), Erschienen in: Conturen 3-4/2005

Heuß, Alfred: „Römische Geschichte", 8. Auflage, Verlag Ferdinand Schöningh, 2001

Hillebrandt, Ernst (Hg): „Rechts-Populismus in Europa - eine Gefahr für die Demokratie?", Verlag J. H. W. Dietz Nachf. GmbH, 2015

Höhne Heinz: „Der Orden unter dem Totenkopf - Die Geschichte der SS", Weltbild Verlag GmbH, 1992

Jaspers, Karl: „Allgemeine Psychopathologie", 9. Auflage, Springer-Verlag, 1973

Jung, Ernst F.: „Die Germanen – Von der Frühgeschichte bis zu Karl dem Großen", genehmigte Lizenzausgabe für Weltbild Verlag, 1993

Kambouri, Tania: Deutschland im Blaulicht: Notruf einer Polizistin, Pieper Verlag, 2015

Kaplan, Robert D.: „Die Geister des Balkans – Eine Reise durch die Geschichte und Politik eines Kriesengebietes", Übersetzung von: Michael Windgassen und Thomas Ziegler, Ernst Kabel Verlag GmbH, 1993

Kelek, Necla: „Die fremde Braut – Plädoyer für die Befreiung des türkisch-muslimischen Mannes", Verlag Kiepenheuer & Witsch, 2005

Kelek, Necla: „Die verlorenen Söhne – Plädoyer für die Befreiung des türkisch-muslimischen Mannes", 1. Auflage, Wilhelm Goldmann Verlag, 2007

Klare, Jörn: „Der Teufel hat Ärger – Die wundersame Wandlung des liberianischen Warlords Joshua Milton Blahyi", für NDRInfo „Das Feature", 2015

Konzelmann, Gerhard: „Der Nil - Heiliger Strom unter Sonnenbarke, Kreuz und Halbmond", 1. Auflage, Deutscher Taschenbuchverlag GmbH, 1985

Moyo, Dambisa: „Dead Aid: Warum Entwicklungshilfe nicht funktioniert und was Afrika besser machen kann", Übersetzung von: Hendrik Lorenzen, deutsche Erstausgabe, Haffmans & Tolkemitt, 2011

N'Diaye, Tidiane: Der verschleierte Völkermord – Die Geschichte des muslimischen Sklavenhandels in Afrika", Übersetzung von: Christine und Radouane Belakhdar, 2. Auflage, Rowohlt Verlag, 2010

Neizel, Sönke, Welzer, Harald: „Soldaten: Protokolle vom Kämpfen, Töten und Sterben", S. Fischer Verlag, 5. Auflage, 2011

Neudeck, Rupert: „Die Kraft Afrikas. Warum der Kontinent noch nicht verloren ist". Verlag C.H. Beck, 2010,

Pech, Detlef, Rauterberg, Marcus, Stoklas, Katharina (Hrsg.): „Möglichkeiten und Relevanz der Auseinandersetzung mit dem Holocaust im Sachunterricht der Grundschule", aus der Reihe www.widerstreit-sachunterricht.de, Beiheft 3, 2006, verfügbar unter: http://www.widerstreit-sachunterricht.de/beihefte/beiheft3/beiheft3.pdf

Peterson Institute of International Economics: „NAFTA at 20: Misleading Charges and Positiv Achievements", Number

PB14-13, Washinton, DC/USA, 2014, verfügbar unter: http://piie.com/publications/pb/pb14-13.pdf

Pollack, Detlef, Müller, Olaf, Rosta, Gergely und Dieler, Anna: „Integration und Religion aus der Sicht von Türkeistämmigen in Deutschland", repräsentative Erhebung von TNS Emnid im Auftrag des Exzellenzclusters „Religion und Politik" der Universität Münster, 2016

Postman, Neil: „Wir amüsieren uns zu Tode", Fischer Taschenbuch, 19. Auflage, 1988

Precht, Richard David: „Wer bin ich – und wenn ja, wie viele? Eine philosophische Reise", Wilhelm Goldmann Verlag, 22. Auflage, 2007

Rohe, Mathias und Jaraba, Mahmoud: „Paralleljustiz – Zusammenfassung einer Studie im Auftrag des Landes Berlin, vertreten durch die Senatsverwaltung für Justiz und Verbraucherschutz", Friedrich-Alexander Universität Erlangen-Nürnberg, Fachbereich Rechtswissenschaft, 2015

Schätzing, Frank: „Nachrichten aus einem unbekannten Universum – Eine Zeitreise durch die Meere", Fischer Taschenbuch Verlag GmbH, 8. Auflage, März 2012

Schnabel, Ulrich: „Die Vermessung des Glaubens", Karl Blessing Verlag, 1. Auflage, 2008

Seitz, Volker: „Afrika wird arm regiert, oder: Wie man Afrika wirklich helfen kann" Deutscher Taschenbuch Verlag, 2009

UNICEF: „Generation 2030 – Africa", UNICEF, 2014, verfügbar unter: http://www.unicef.org/publications/files/Generation_ 2030_Africa.pdf

Wallraff, Günter: „Ganz unten", Verlag Kiepenheuer & Witsch, 1985

Welzer, Harald: „Täter – wie aus ganz normalen Menschen Massenmörder werden", 4. Auflage, S.Fischer Verlag, 2006

Willemsen, Roger: „Die Kultur des Engagements", aus der Reihe „Dresdner Reden 2014", Transkript seiner mündlich gehaltenen Dresdner Rede vom 16.02.2014, verfügbar unter: http://www.staatsschauspiel-dresden.de/download/18973/rede_roger_willemsen_final.pdf

Willemsen, Roger: „Afghanische Reise", S. Fischer Verlag GmbH, 2005

Wissenschaftlicher Beirat der Bundesregierung Globale Umweltveränderungen (WBGU): „Die Zukunft der Meere – zu warm, zu hoch, zu sauer", Sondergutachten, 2006, verfügbar unter: http://www.wbgu.de/fileadmin/templates/dateien/veroeffentlichungen/sondergutachten/sn2006/wbgu_sn2006.pdf

Wissenschaftlicher Beirat der Bundesregierung Globale Umweltveränderungen (WBGU): „Welt im Wandel Menscheitserbe Meer", Hauptgutachten, 2013, verfügbar unter: http://www.wbgu.de/fileadmin/templates/dateien/veroeffentlichungen/hauptgutachten/hg2013/wbgu_hg2013.pdf

Quellenverzeichnis

1   Vgl. Bundesministerium des Inneren: „Bericht zur polizeilichen Kriminalstatistik 2016", April 2017, Tabelle 8.1.2 Tatverdächtige insgesamt bei Straftaten insgesamt ohne ausländerrechtliche Verstöße, Seite 46

2   Bevölkerung 2015: Nichtdeutsche; vgl. Statistisches Bundesamt, Tabelle „Bevölkerung – Deutsche und nichtdeutsche Bevölkerung nach Geschlecht"; Quelle: https://www.destatis.de/DE/ZahlenFakten/GesellschaftStaat/Bevoelkerung/Bevoelkerungsstand/Tabellen_/lrbev02.html;jsessionid=6A141EFCEDA8F4942D49C90EF495DD7B.cae2, letzter Zugriff: 05.05.2017, 12:46 Uhr

3   Vgl. z. B. Boris Palmer (Bündnis90/Grüne), Oberbürgermeister von Thübingen, in der Sendung „Maischberger – Angst vor Flüchtlingen: Ablehnen, ausgrenzen, abschieben?", ausgestrahlt am 07.12.2016

4   Wissenschaft im Dialog, Artikel „Opfer oder Täter? Was Flüchtlinge mit Kriminalität und Terror in Deutschland zu tun haben", vom 22.08.2016, Quelle: https://www.wissenschaft-im-dialog.-de/projekte/debattencheck/kriminalitaet/, letzter Zugriff: 25.11.17, 12:57 Uhr

5   ARD, Sendung „Hart aber fair – Der Bürgercheck zur Wahl: Was muss sich ändern bei Sicherheit und Zuwanderung?", ausgestrahlt am 18.09.2017

6   Vgl. Der Tagesspiegel, Artikel „Zu wenig Polizisten? Nur im Osten schrumpfte die Zahl der Beamten", vom 25.01.2016, Quelle: *http://www.tagesspiegel.de/politik/zu-wenig-polizisten-nur-im-osten-schrumpft*e-die-zahl-der-beamten/12872564.html, letzter Zugriff: 12.05.17, 19:44 Uhr

7   Vgl. ebenda

8   RP online, Artikel „Verfassungsschutz Über 10.000 Salafisten in Deutschland" vom 31.03.2017, Quelle: *http://www.rp-online.de/politik/deutschland/verfassungsschutz-ueber-10000-salafisten-in-deutschland*-aid-1.6726226, letzter Zugriff: 13.05.17, 20:43 Uhr

9   Vgl. exemplarisch für Berlin: RTL, Sendung „Spiegel TV – Berlins heimliche Herrscher", vom 11.12.2016, Quelle: http://www.-spiegel.de/sptv/spiegeltv/spiegel-tv-magazin-ueber-kriminelle-araber-clans-in-berlin-a-1125572.html, letzter Zugriff: 06.01.17, 16:43 Uhr

10   DITIB : Die Diyanet İşleri Türk İslam Birliği, zu deutsch: Türkisch-Islamische Union der Anstalt für Religion e. V., untersteht

der dauerhaften Leitung, Kontrolle und Aufsicht des staatlichen Präsidiums für religiöse Angelegenheiten der Türkei, welches dem türkischen Ministerpräsidentenamt angegliedert ist.

11   Vgl. Focus, Artikel „Nicht nur Duisburg betroffen: No-Go-Areas in Deutschland: In diese Viertel traut sich selbst die Polizei nicht", vom 22.08.2015, Quelle: *http://www.focus.de/politik/ deutschland/nicht-nur-duisburg-betroffen-no-go-areas-in- deutschland-in-diese-viertel-traut-sich-selbst-die-polizei- nicht_id_4895620.html,* letzter Zugriff: 13.05.17, 21:12 Uhr

12   Vgl. Deutschlandradio Kultur, Sendung „Zeitfragen: No-Go-Areas in Berlin? Wie aus Vorurteilen falsche Aussagen entstehen", ausgestrahlt am 06.06.2016, Quelle: *http://www.deutschland- radiokultur.de/no-go-areas-in-berlin-wie-aus-vorurteilen-fal- sche-aussagen.976.de.html?dram:article_id=356352,* letzter Zugriff: 19.07.16, 13:27 Uhr

13   Frankfurter Neue Presse, Artikel „Stadtquartiere in NRW No-go-Areas und Parallelgesellschaften", vom 07.12.2015 Quelle: http://www.fnp.de/nachrichten/politik/No-go-Areas-und-Parallel- gesellschaften;art673,1739112, letzter Zugriff: 13.05.17, 21:47 Uhr

14   Deutschlandradio Kultur, Sendung „Länderreport: Kriminali- tät – Die illegalen Geschäfte arabischer Clans in Berlin", vom 17.05.2016, Quelle: *http://www.deutschlandfunkkultur.de/ kriminalitaet-die-illegalen-geschaefte-arabischer-clans- in.1001.de.html?dram:article_id=354312,* letzter Zugriff: 12.05.17, 22:00 Uhr

15   Vgl. ebenda

16   Ebenda

17   Vgl. DER SPIEGEL, Artikel „JUSTIZ – Im Namen Allahs", Heft 25/2012

18   SPIEGELonline, Artikel: „Arabische Großfamilien – Staat kuscht vor kriminellen Clans", vom 26.10.2010, Quelle: http://www.spiegel.de/panorama/justiz/arabische-grossfamilien- staat-kuscht-vor-kriminellen-clans-a-721741.html, letzter Zu- griff: 06.01.17, 18:38

19   ZEIT online, Gastbeitrag von Ahmad Mansour: „Muslime und der Terror: Das große arabische Aber", vom 25.11.2015, Quel- le: *http://www.zeit.de/gesellschaft/zeitgeschehen/2015-11/mus- lime-opferrolle-freiheit-aufklaerung-integration/komplettansicht,* letzter Zugriff: 26.05.17, 13:30 Uhr

20   Vgl. Deutschlandfunk, Sendung „zur Diskussion – Die Wirkung des Gifts: Wie Terror unsere Gesellschaften verändert", Aussa-

ge von Dr. Kristina Eichhorst, Koordinatorin für Krisen- und Konfliktmanagement der Konrad-Adenauer-Stiftung, ausgestrahlt am 20.07.2016

21 Deutschlandfunk, Sendung „Informationen am MorgenMolenbeek kommt nicht zur Ruhe", ausgestrahl am 22.03.2017, Quelle: *http://www.deutschlandfunk.de/ein-jahr-nach-den-anschlaegen-in*-bruessel-molenbeek-kommt.1773.de.html? dram:article_id=381881, letzter Zugriff: 26.05.17, 16:56 Uhr

22 Vgl. n-tv, Beitrag „Brüssels Problemviertel Molenbeek hat seinen Ruf zu Recht", vom 05.04.2016, Quelle: http://www.n-tv.de/politik/Molenbeek-hat-seinen-Ruf-zu-Recht-article17369321.html, letzter Zugriff: 23.05.17, 11:45 Uhr

23 WELT, Artikel „Berlins islamistische Szene wächst sehr dynamisch", *veröffentlicht am 24.03.2016, Quelle: https://www.welt.-de/politik/deutschland/article153635720/Berlins*-islamistische-Szene-waechst-sehr-dynamisch.html, letzter Zugriff: 26.05.2017, 17:54 Uhr

24 ZEIT online, Interview mit Hamed Abdel-Samad: "Der Islam ist keine Religion des Friedens", vom 07.12.2015, Quelle: http://www.zeit.de/politik/ausland/2015-12/hamed-abdel-sama-islam-kritik-muslime-fundamentalismus/komplettansicht, letzter Zugriff: 26.05.17, 09:32 Uhr

25 Deutschlandfunk, Sendung „Tag für Tag – Homosexuelle Flüchtlinge in Deutschland Vogelfrei im Asylbewerberheim", ausgestrahlt am 26.01.2016

26 Deutschlandfunk, Sendung „Tag für Tag – Christliche Flüchtlinge in Notunterkünften 'Warum trägst du kein Kopftuch?'", ausgestrahlt am 21.01.2016

27 Deutschlandfunk, Sendung „Tag für Tag – Diskriminierung in Flüchtlingsheimen – Koran versus Kreuz", ausgestrahlt am 14.04.2016

28 Deutschlandfunk, Sendung „Tag für Tag – Christliche Flüchtlinge Religiöse Konflikte mit Muslimen", ausgestrahlt am 19.05.2016, Quelle: http://www.deutschlandfunk.de/christliche-fluechtlinge-religioese-konflikte-mit-muslimen.886.de.html? dram:article_id=354443, letzter Zugriff: 19.05.2016, 09:54 Uhr

29 ZEIT online, Gastbeitrag von Ahmad Mansour „Muslime und der Terror: Das große arabische Aber", vom 25.11.2015, Quelle: http://www.zeit.de/gesellschaft/zeitgeschehen/2015-11/muslime-opferrolle-freiheit-aufklaerung-integration/komplettansicht, letzter Zugriff: 26.05.17, 13:30 Uhr

30 Deutschlandfunk, Sendung „Tag für Tag – Im Kampf gegen reli-

giösen Extremismus umdenken", ausgestrahlt am 05.11.2015

31 Vgl. ZEIT online, Artikel „Kriminalität: Kulturbedingte `Ehren-morde` – Verbrechen gegen Frauen unter religiösem Vorwand: Endlich üben muslimische Verbände Kritik, vom 03.03.2005, Quelle: http://www.zeit.de/2005/10/Ehrenmorde/komplettan-sicht, letzter Zugriff: 14.06.17, 10:56 Uhr

32 ZEIT online, Interview mit Hamed Abdel-Samad: "Der Islam ist keine Religion des Friedens", vom 07.12.2015, Quelle: http://www.zeit.de/politik/ausland/2015-12/hamed-abdel-sa-ma-islam-kritik-muslime-fundamentalismus/komplettansicht, letzter Zugriff: 26.05.17, 09:32 Uhr

33 Vgl. WDR 5, Interview mit Prof. Christian Pfeiffer, ausgestrahlt am 16.06.2004

34 Vgl. Deutschlandradio Kultur, Interview mit Prof. Klaus Bade, ausgestrahlt am 19.11.2005

35 Vgl. Katholische Nachrichten, Internet-Artikel „Muslimischer Theologe kritisiert Islamunterricht in Moscheen" vom 18 Mai 2016, letzter Zugriff: 19.05.2016, 09:52 Uhr

36 Deutschlandfunk, Sendung „Tag für Tag – Im Kampf gegen reli-giösen Extremismus umdenken", ausgestrahlt am 05.11.2015

37 Vgl. ARD, Sendung „Menschen bei Maischberger" u. a. mit Ne-cla Kelek, ausgestrahlt am 13.01.2015

38 Deutschlandfunk, Sendung „Andruck" darin u. a. Interview mit Heinz Buschkowski, ausgestrahlt am 08.12.2014

39 Vgl. WAZ Artikel „Es gibt keine Parallelgesellschaften", vom 06.11.2010, Queller https://www.waz.de/staedte/essen/es-gib-t-keine-parallelgesellschaften-id3909758.html, letzter Zugriff: 15.05.17, 19:34 Uhr
Oder: Aussage von Hannes Schammann, Integrationsforscher an der Universität Hildesheim im Deutschlandfunk, Sendung „Kontrovers – Chance oder Schikane Was bringt ein Integrati-onsgesetz?", ausgestrahlt am 30.05.2016

40 Deutschlandfunk, Sendung „Andruck", Rezension von Busch-kowski (2012), ausgestrahlt am 01.10.2012

41 Vgl. ebenda

42 Rode/Jaraba (2015), S. 10

43 Deutschlandfunk, Sendung „Informationen am Morgen", ausge-strahlt am 12.01.2016

44 Vgl. DIE WELT, Internet-Artikel: „Flüchtlingskrise: Schweden ist nicht wiederzuerkennen" vom 02.02.2016 letzter Zugriff: 23.05.2016, 15:51 Uhr

45 Vgl. DIE WELT, Internet-Artikel: „Vergewaltigt, geschlagen, mit

Benzin übergossen" vom 27.08.2014 letzter Zugriff: 31.03.2016, 13:16 Uhr

46 Thüringer Allgemeine, Internet-Artikel 'Heiko Maas (SPD): „Das war nicht weniger als ein zeitweiliger Zivilisationsbruch'" vom 07.01.2016, letzter Zugriff: 31.03.2016, 13:14 Uhr

47 Vgl. Deutschlandfunk, Sendung „Kontrovers", ausgestrahlt am 11.01.2016

48 http://www.duden.de/rechtschreibung/Generalverdacht, letzter Zugriff: 31.03.2016, 13:15 Uhr

49 ZEIT online, Interview mit Hamed Abdel-Samad: "Der Islam ist keine Religion des Friedens", vom 07.12.2015, Quelle: http://www.zeit.de/politik/ausland/2015-12/hamed-abdel-sama-islam-kritik-muslime-fundamentalismus/komplettansicht, letzter Zugriff: 26.05.17, 09:32 Uhr

50 FOCUS online, Interview mit dem Islamwissenschaftler Dr. R Ralph Ghadban am 27.01.2016, Quelle: http://www.focus.de/regional/berlin/islamwissenschaftler-klaert-auf-die-clans-sind-wie-eine-krebserkrankung-der-stadt_id_5224151.html, letzter Zugriff: 20.03.2016, 19:18 Uhr

51 Vgl. ebenda

52 Deutschlandfunk, Sendung „Forschung aktuell – Shoot first, ask later Experimente zum Shooter-Bias, offenbaren Vorurteile", ausgestrahlt am 06.04.2016

53 Vgl. ebenda

54 Deutschlandfunk, Sendung „Wissenschaft im Brennpunkt – Unsere kleine Welt", ausgestrahlt am 03.04.2016

55 Vgl. Deutschlandfunk, Sendung „Forschung aktuell – Shoot first, ask later Experimente zum Shooter-Bias offenbaren Vorurteile", ausgestrahlt am 06.04.2016

56 Deutschlandfunk, Sendung „Europa heute", ausgestrahlt am 07.12.2015

57 Vgl. FOCUS online, Artikel „Deutschfeindlichkeit, Lehrer warnen vor Angriffen von Migrantenkindern" vom 12.10.2010, letzter Zugriff: 24.03.2016, 13:46 Uhr

58 Vgl. Besley (2012), S. 5

59 Vgl. Rede von Professor Randall Hansen, Direktor des Centre for European, Russian and Eurasian Studies an der University of Toronto am 25.11.15 bei der internationalen Konferenz „Lernen von Anderen und seine Grenzen: Migrationsmanagement und Integrationsförderung im internationalen Vergleich" am 24. und 25. November 2015 im Schloss Herrenhausen, Hannover,

60 Vgl. ebenda

61 Ebenda

62 Vgl. DIE WELT, Internet-Artikel „Ifo-Umfrage: Firmen wollen Flüchtlinge – als Hilfsarbeiter", vom 26.11.2015, letzter Zugriff: 30.03.2016, 18:53 Uhr

63 Vgl. zum Beispiel Uwe Hück, Betriebsratsvorsitzender bei Porsche, als Gast in der Talkshow „Hart aber fair", ARD, Sendung „Flüchtlingskrise im Bürgercheck: Geht das gut mit Jobs, Wohnen, Integration?", ausgestrahlt am 21.09.2015

64 Vgl. Welt24, Artikel „Sozialleistungen Jeder vierte Hartz-IV-Empfänger ist Migrant", veröffentlicht am 01.08.2016, Quelle: https://www.welt.de/wirtschaft/article157422408/Jeder-vierte-Hartz-IV-Empfaenger-ist-Migrant.html, letzter Zugriff: 24.05.17, 11:05 Uhr

65 Allgemeine Zeitung Mainz, Kommentar von Friedrich Roeingh vom 20.04.2017, Quelle: http://www.presseportal.de/pm/65597/3617001, letzter Zugriff: 09.05.2017, 12:34 Uhr

66 Süddeutsche Zeitung, Internet-Meldung „Bundesagentur: Arbeitsmarkt-Integration von Flüchtlingen dauert Jahre", vom 01.02.2016, letzter Zugriff: 30.03.2016, 19:58 Uhr

67 Institut für Arbeitsmarkt- und Berufsforschung (Forschungseinrichtung der Bundesagentur für Arbeit): „Aktuelle Berichte – Arbeitsmarktintegration von Geflüchteten in Deutschland: Der Stand zum Jahresbeginn 2017", 4/2017, Bezugsmöglichkeit: http://doku.iab.de/aktuell/2017/aktueller_bericht_1704.pdf

68 Ebenda

69 DLF24 Nachrichten „Forscher: ′Gute Chancen für Integration von Flüchtlingen in Arbeitsmarkt′", ausgestrahlt am 20.04.2017

70 SPIEGEL online, Artikel „Integration: Jeder zweite Flüchtling hat nach fünf Jahren einen Job", Quelle: *http://www.spiegel.de/wirtschaft/soziales/fluechtlinge-jeder-zweite-hat-nach-fuenf-jahren-arbeit-a-1144044.html, letzter Zugriff: 24.04.2017, 18:53 Uhr*

71 Vgl. Bundesamt für Migration und Flüchtlinge, Broschüre: „Wanderungsmonitoring: Erwerbsmigration nach Deutschland im Zeitraum Januar bis September 2016, (unkommentierter Tabellenbericht)", Tabelle 1: Zu- und Fortzüge von ausländischen Staatsangehörigen von 2010 bis zum dritten Quartal 2016, Stand 31.12.2016

72 Bundesagentur für Arbeit, „Arbeitsmarkt im Überblick - Aktuelle Eckwerte", letzter Zugriff: 30.03.2016, 19:55 Uhr

73 Bundesministerium für Bildung und Forschung, „Berufsbildungsbericht 2015", S. 32

74   Vgl. Statistisches Bundesamt, Tabelle: Wanderungen zwischen
      Deutschland und dem Ausland 1991 bis 2015, Quelle:
      https://www.destatis.de/DE/ZahlenFakten/GesellschaftStaat/Be
      voelkerung/Wanderungen/Tabellen/WanderungenAlle.html,
      letzter Zugriff: 24.05.2017, 13:26 Uhr

75   Vgl. Bundesamt für Migration und Flüchtlinge, Broschüre:
      „Wanderungsmonitoring: Erwerbsmigration nach Deutschland
      im Zeitraum Januar bis September 2016, (unkommentierter Ta-
      bellenbericht)", Tabelle 1: Zu- und Fortzüge von ausländischen
      Staatsangehörigen von 2010 bis zum dritten Quartal 2016,
      Stand 31.12.2016; Darin wurden von Januar bis September
      2016 im Saldo 514.533 Zugezogene angegeben. Die Gesamt-
      zahl von 600.000 Zuzügen in 2016 wurde also geschätzt.

76   Vgl. Deutschlandfunk Interview mit Prof. Gerd Bosbach, ausge-
      strahlt am 12.10.2015

77   Vgl. Deutsche Bevölkerung (Ost+West) 1970: 75,33 Millionen,
      deutsche Bevölkerung 2014: 73,66 Millionen; vgl. Statistisches
      Bundesamt, Tabelle „Bevölkerung – Deutsche und nichtdeut-
      sche Bevölkerung nach Geschlecht" sowie Tabelle „Bevölke-
      rungsstand – Bevölkerung nach dem Gebietsstand" Aufteilung
      nach Gebietsstand (Ost und West)

78   Vgl. DIE WELT, Internet-Artikel „Düstere EU-Prognose -
      Deutschland schrumpft um 16 Millionen Einwohner" vom
      08.06.2011, letzter Zugriff: 27.04.2016, 12:45 Uhr

79   Vgl. Deutschlandfunk, Sendung „Aus Kultur- und Sozialwissen-
      schaften – Ältere Arbeitnehmer – Ein Gewinn für Unternehmen"
      ausgestrahlt am 23.04.2015, Quelle: http://www.deutschland-
      funk.de/aeltere-arbeitnehmer-ein-gewinn-fuer-unternehmen.
      1148.de.html?dram:article_id=317676, letzter Zugriff: 23.05.17,
      13:12 Uhr

80   Vgl. Deutschlandfunk Interview mit Prof. Gerd Bosbach, ausge-
      strahlt am 12.10.2015

81   F.A.Z. Exklusiv, Artikel „Dax-Konzerne stellen nur 54 Flüchtlinge
      ein", vom 04.07.206, Quelle: http://www.faz.net/aktuell/wirt-
      schaft/unternehmen/welcher-konzern-stellte-fluechtlin-
      ge-ein-14322168.html, letzter Zugriff: 24.08.16, 15:42 Uhr

82   Ebenda

83   Die WELT Newsticker „Brennpunkte (DPA), Weise: Flüchtlinge
      lösen Fachkräfteproblem nicht", vom 10.04.16, Quelle:
      http://www.welt.de/newsticker/dpa_nt/infoline_nt/brennpunkte_
      nt/article154182231/Fluechtlinge-loesen-Fachkraefteproblem-
      nicht.html, letzter Zugriff: 12.07.16, 17:40 Uhr

84   Ebenda

85   Sevim Dağdelen, Die Linke, Presseerklärung: „Flüchtlings-
      schutz statt Nützlichkeitsrassismus", vom 20. April 2015,
      Quelle: http://www.sevimdagdelen.de/fluechtlingsschutz_statt_
      nuetzlichkeitsrassismus/, letzter Zugriff: 01.06.17, 10:13 Uhr

86   Vgl. Süddeutsche Zeitung, Artikel: „Zuwanderungsgipfel in Ber-
      lin – Der große Streit ums Einwanderungsgesetz", vom 14.
      April 2015, Quelle: http://www.sueddeutsche.de/politik/zuwan-
      derungsgipfel-in-berlin-der-grosse-streit-ums-einwanderungs-
      gesetz-1.2434224, letzter Zugriff: 01.06.17, 09:52 Uhr

87   Vgl. SPIEGEL online, Kommentar von Anna Reimann: „Regeln
      für die Einwanderung Das Wen-wir-wollen-Gesetz", vom
      27.05.2016, Quelle: http://www.spiegel.de/politik/deutschland/
      einwanderungsgesetz-warum-wir-neue-regeln-brau-
      chen-a-1094287.html, letzter Zugriff: 01.06.17, 09:34 Uhr

88   Vgl. Vortrag von Prof. Dr. Hermann K. Heußner, Hochschule
      Osnabrück, vorgetragen bei der Podiumsdiskussion über
      "Chancen der Einwanderung" im Rahmen der „Marburger Ge-
      spräche zu Migration und gesellschaftlicher Gestaltung" am
      21.06.2016

89   Vgl. Statistisches Bundesamt, „Volkswirtschaftliche Gesamt-
      rechnungen Inlandsproduktberechnung Lange Reihen ab
      1970 – 2016", Tabelle 1.14 Arbeitsproduktivität, Durchschnitts-
      löhne und Lohnstückkosten, erschienen am 03.03.2017

90   Vgl. ebenda, Tabelle 1.12 Bevölkerung und Erwerbsbeteiligung

91   Vgl. Deutschlandfunk, Sendung „Aus Kultur- und Sozialwissen-
      schaften – Wo bleibt der Mensch, wenn die Roboter
      kommen?", ausgestrahlt am 02.06.2016, Quelle: *http://www.-
      deutschlandfunk.de/die-vierte-industrielle-revolution-wo-*bleibt-
      der-mensch.1148.de.html?dram:article_id=355962, letzter Zu-
      griff: 20.05.17, 11:49 Uhr

92   Deutschlandfunk, Sendung „Aus Kultur- und Sozialwissen-
      schaft" darin u. a. Interview mit Dr. Sebastian Berg, der den
      politischen Philosophen Will Kymlicka (Kanada) zitiert, ausge-
      strahlt am 12.03.2015

93   Vgl. einige Beispiele:
      Tagesschau.de, Landkarte mit über 700 Projekten in ganz
      Deutschland, Quelle: https://www.tagesschau.de/inland/hilfe-fu-
      er-fluechtlinge-101.html
      Tagesspiegel, Artikel „Gelungene Integration in München
      Flüchtlinge und Studenten leben zusammen in einem Haus"
      vom 01.05.2016, Quelle: http://www.tagesspiegel.de/politik/ge-

lungene-integration-in-muenchen-fluechtlinge-und-studen-ten-leben-zusammen-in-einem-haus/13528058.html Deutschlandfunk, Sendung „Umwelt und Verbraucher: Gelun-gene Integration – Flüchtlinge in der Dorfgemeinschaft", ausge-strahlt am 24.02.2016, Quelle: http://www.deutschlandfunk.de/gelungene-integration-fluechtlinge-in-der-dorfgemeinschaft.697.de.html?dram:article_id=346567

94   Vgl. Pollack et al. (2016), Abbildung 12, Seite 14

95   Collier (2014), S. 115 + 116

96   Vgl. u. a. Berliner Zeitung, Internet-Artikel „Die grüne Gefahr" des Historikers Götz Aly, vom 28.09.2010, letzter Zugriff: 30.03.2016, 17:43 Uhr

97   Heraklit von Ephesus

98   Vgl. SPIEGEL-Artikel: „Jeder streichelt seinen Bimbo", Heft 1/1992

99   ARD, Sendung „Maischberger: Beethoven oder Bur-ka – Braucht Deutschland eine Leitkultur?", ausgestrahlt am 10.05.2015, Quelle: http://www.daserste.de/unterhaltung/talk/maischberger/videos/beethoven-oder-burka-video-102.html, letzter Zugriff: 15.05.17, 11:38 Uhr

100   Vgl. ARD, Sendung „Maischberger: Beethoven oder Bur-ka – Braucht Deutschland eine Leitkultur?", ausgestrahlt am 10.05.2015, Aussagen von Sawsan Chebli, SPD-Mitglied und Staatssekretärin in Berlin, Quelle: http://www.daserste.de/unter-haltung/talk/maischberger/videos/beethoven-oder-burka-video-102.html, letzter Zugriff: 15.05.17, 11:38 Uhr

101   WDR, Sendung „Quarks&Co", ausgestrahlt am 01.03.2016

102   Vgl. Deutschlandfunk, Sendung „DLF Kultur heute – Zumutun-gen an die moderne Identität", ausgestrahlt am 13.01.2015

103   Deutschlandfunk, Sendung „Aus Kultur- und Sozialwissen-schaften – Beitrag anlässlich der Vorstellung des neuen Bu-ches von Julian Nida-Rümelin `Ethik der Migration`", ausge-strahlt am 08.06.2017, Quelle: http://ondemand-mp3.dradio.de/file/dradio/2017/06/08/ethik_der_migration_dlf_20170608_2011_c33eea98.mp3, letzter Zugriff: 09.06.2017, 16:22 Uhr

104   Vgl. Statistisches Bundesamt, Tabelle: „Bevölkerung nach Mi-grationshintergrund und Geschlecht", Quelle: https://www.de-statis.de/DE/ZahlenFakten/GesellschaftStaat/Bevoelkerung/Mi-grationIntegration/Migrationshintergrund/Tabellen/TabellenMi-grationshintergrundGeschlecht.html, letzter Zugriff: 24.05.2017, 13:36 Uhr

105   Statistisches Bundesamt, Tabelle: „Lebendgeborene nach der

Staatsangehörigkeit der Mutter 2015", Quelle: https://www.de-statis.de/DE/ZahlenFakten/GesellschaftStaat/Bevoelkerung/Geburten/Tabellen/LebendgeboreneStaatsangehoerigkeitLaender.html, letzter Zugriff: 24.05.2017, 13:29 Uhr

106   Vgl. Statistisches Bundesamt, Tabelle: Wanderungen zwischen Deutschland und dem Ausland 1991 bis 2015, Quelle: https://www.destatis.de/DE/ZahlenFakten/GesellschaftStaat/Bevoelkerung/Wanderungen/Tabellen/WanderungenAlle.html, letzter Zugriff: 24.05.2017, 13:26 Uhr

107   Vgl. Thüringische Landeszeitung, Internet-Artikel „Göring-Eckardt: Bürger sollen Flüchtlinge in Privathäuser aufnehmen", vom 7. September 2015, letzter Zugriff: 30.03.2016, 17:39 Uhr

108   Vgl. SPIEGEL, Artikel „JUSTIZ Im Namen Allahs – Islamische Streitschlichter praktizieren in Deutschland ein Familienrecht, das sich an der Scharia orientiert – zu Lasten betroffener Frauen", Heft 25/2012

109   Vgl. Bibel, Matthäus 22, 21b

110   Vgl. Phönix, Sendung „Im Dialog – Michael Hirz im Gespräch mit Prof. Heinrich August Winkler", ausgestrahlt am 04.11.2016, Quelle: http://www.phoenix.de/content/1170874, letzter Zugriff: 21.06.2017, 11:53 Uhr

111   ZEIT online, Artikel: „Hamed Abdel-Samad: ´Der Islam ist keine Religion des Friedens´", vom 07.12.2015, Quelle: http://www.-zeit.de/politik/ausland/2015-12/hamed-abdel-sama-islam-kritik-muslime-fundamentalismus/komplettansicht, letzter Zugriff: 26.05.17, 09:32 Uhr

112   Vgl. Frankfurter Allgemeine Zeitung (FAZ), Internet-Artikel „Imam gesteht: Falsche Karikaturen vorgelegt" vom 09.02.2006, letzter Zugriff: 30.03.2016, 19:37 Uhr

113   Vgl. Bundesamt für Migration und Flüchtlinge: „Wie viele Muslime leben in Deutschland? Eine Hochrechnung über die Anzahl der Muslime in Deutschland zum Stand 31. Dezember 2015, Im Auftrag der Deutschen Islam Konferenz", Dezember 2016

114   Deutschlandfunk, Sendung Hintergrund: „Angefeindet – Liberale Muslime in Deutschland und die Toleranz der Gläubigen", ausgestrahlt am 03.06.2017, Quelle: http://www.deutschland-funk.de/angefeindet-liberale-muslime-in-deutschland-und-die.724.de.html?dram:article_id=387811, letzter Zugriff: 03.06.17, 19:04 Uhr

115   Collier (2014), S. 81

116   Ebenda, S. 88

117   Deutschlandfunk, Sendung „Hintergrund – Wie Medien Vertrau-

en zurückgewinnen können", ausgestrahlt am 31.12.2015

118 Vgl. ARD, Sendung „Hart aber fair – Faktencheck zur Sendung vom 18.01.2016", Erläuterungen von Prof. Lutz M. Hagen im Internet, letzter Zugriff: 30.03.2016, 19:22 Uhr

119 Podiumsdiskussion beim 7. Scoopcamp 2015 der Hamburg Media School, Quelle: http://livestream.com/accounts/88942/ events/4388060/videos/100795267 (O-Ton bei ca. 47:30), letzter Zugriff: 30.03.2016, 19:28 Uhr

120 ZDF, Sendung „heute Journal", ausgestrahlt am 30.12.2015

121 Vgl. ARD, Sendung „Hart aber fair – Frisierte Polizeiberichte, bevormundete Bürger – darf man bei uns noch alles sagen?", ausgestrahlt am 18.01.2016

122 Vgl. Kölner Stadt Anzeiger, Gastbeitrag von Jürgen Rüttgers „Wer ist die AfD? Es wird Zeit für Klartext", vom 02.06.2016

123 Deutschlandfunk, Interview mit Prof. Werner Patzelt, ausgestrahlt am 19.10.2015

124 Vgl. ZDF, Sendung „Maybrit Illner" u. a. mit Cem Özdemir, ausgestrahlt am 11.12.14; FAZ, Internet-Artikel „Debatte über Pegida – Oppermann: Das sind keine Patrioten, sondern Rassisten", vom 28.12.2014, letzter Zugriff: 30.03.2016, 19:15 Uhr; Couragiert – Magazin für demokratisches Handeln und Zivilcourage, Internet-Artikel „Altkanzler fordert 'Aufstand der Anständigen'", vom 20.12.2014, letzter Zugriff: 30.03.2016, 19:19 Uhr; Deutschlandfunk, Interview mit Friedrich Schorlemer, ausgestrahlt am 23.12.2014

125 Vgl. Deutsche Wirtschaftsnachrichten, Artikel „Bundespräsident Gauck lehnt Volksabstimmungen ab", veröffentlicht am 24.01.2014, letzter Zugriff: 31.03.2016, 16:31 Uhr

126 Vgl. Bertaux (1966), S. 181

127 Vgl. ebenda, S. 222

128 Vgl. ebenda, S. 226 ff.

129 Vgl. ebenda, S. 236

130 Konzelmann (1985), S. 254

131 Vgl. Bertaux (1966), S. 147

132 Vgl. Collier (2014), S. 71

133 Vgl. ebenda, S. 85

134 Vgl. WDR 5, Interview mit Reiner Klingholz, ausgestrahlt am 28.04.2016

135 Vgl. Deutschlandfunk, Sendung „Tag für Tag – Im Exklusivismus liegt das Gewaltpotenzial der Religionen", ausgestrahlt am 08.10.2015

136 Deutschlandfunk, Sendung „Tag für Tag", ausgestrahlt am 31.07.2015

137 Vgl. ZEIT online, Artikel „Land Grabbing: China im globalen Wettlauf um Nahrung" vom 18.08.2009

138 Seitz (2009), S. 17

139 Deutschlandfunk, Sendung „Andruck", Rezension von Neudeck (2010), ausgestrahlt am 07.06.2010

140 Vgl. Deutschlandfunk, Interview mit Prof. Jochen Oltmer, ausgestrahlt am 05.03.2017, Quelle: http://www.podcast.de/episode/302048525/Migration+-+Interview+mit+Jochen+Oltmer/, verfügbar bis 11.09.2017, letzter Zugriff: 11.05.2017, 10:21 Uhr,

141 Ebenda

142 Seitz (2009), S. 23 + 24

143 Precht (2007), S. 175

144 Vgl. WDR5, Interview mit Dr. Ernst Hillebrand, ausgestrahlt am 15.09.2015

145 ZEIT online, Interview mit Hamed Abdel-Samad: "Der Islam ist keine Religion des Friedens", vom 07.12.2015, Quelle: http://www.zeit.de/politik/ausland/2015-12/hamed-abdel-sama-islam-kritik-muslime-fundamentalismus/komplettansicht, letzter Zugriff: 26.05.17, 09:32 Uhr

146 Vgl. NDR 1, Bericht „Reisende Betonpoller schützen Theaterfestival" vom 02.06.2017, Quelle: http://www.ndr.de/nachrichten/niedersachsen/hannover_weser-leinegebiet/Reisende-Betonpoller-schuetzen-Theaterfestival-,betonpoller104.html, letzter Zugriff: 29.06.17, 17:39 Uhr

147 Erinnerung des Autors, leider ohne Aufzeichnung

148 Vgl. Mannheimer Morgen, Interview mit Frauke Petri, veröffentlicht am 30.01.2016, letzter Zugriff: 31.03.2016, 15:50 Uhr

149 SPIEGEL online, Artikel „Schusswaffen-Vorschlag der AfD: Bar jeder Vernunft, wider geltendes Recht" vom 01.02.2016, letzter Zugriff: 31.03.2016, 15:53 Uhr

150 Vgl. SPIEGEL online, Kommentar von Anna Reimann: „Regeln für die Einwanderung Das Wen-wir-wollen-Gesetz", vom 27.05.2016, Quelle: http://www.spiegel.de/politik/deutschland/einwanderungsgesetz-warum-wir-neue-regeln-brauchen-a-1094287.html, letzter Zugriff: 01.06.17, 09:34 Uhr

151 Vgl. Deutschandfunk, Sendung „Kontrovers – Warum versagt Europa?", ausgestrahlt am 24.08.15

152 Vgl. SPIEGEL-Artikel: „Jeder streichelt seinen Bimbo", Heft 1/1992

153 DER SPIEGEL, Artikel „Im Fremden das Eigene hassen?" von Hans Magnus Enzensberger, Heft 34/1992

154 Ebenda

155 FOCUS Magazin, Interview mit dem Historiker Heinrich August Winkler, vom 25.09.2016, Quelle: http://www.focus.de/politik/deutschland/politik-und-gesellschaft-ich-sehe-die-gefahr-dass-wir-eine-deutsche-sondermoral-entwickeln_id_5944552.html, letzter Zugriff: 22.05.17, 09:23 Uhr

156 Vgl. Deutschlandfunk, Sendung „Informationen am Mittag", ausgestrahlt am 12.01.2016

157 Deutschlandradio Kultur, Sendung „Tacheles – Staatsrechtler Udo Di FabioWestliches Gesellschaftsmodell in der Krise", ausgestrahlt am 17.10.2015

158 Vgl. HANDELSBLATT, Interview mit Hans-Jürgen Papier vom 12.01.2016

159 Allgemeine Erklärung der Menschenrechte, Resolution 217 A (III) vom 10.12.1948, Quelle: https://www.amnesty.de/alle-30-artikel-der-allgemeinen-erklaerung-der-menschenrechte, letzter Zugriff: 31.03.2016, 15:33 Uhr

160 Precht (2007), S. 142

161 https://de.wikipedia.org/wiki/Fiat_iustitia,_et_pereat_mundus, letzter Zugriff: 31.03.2016, 15:34 Uhr

162 SPIEGEL, Essay: „Der Wutbürger – Stuttgart 21 und Sarrazin-Debatte: Warum die Deutschen so viel protestieren", erschienen im Heft Nr. 41 vom 11.10.2010, Quelle: http://magazin.-spiegel.de/EpubDelivery/spiegel/pdf/74184564, letzter Zugriff: 01.06.17, 12:31 Uhr

163 Vgl. Gianna Jansen: „Feindbilder in der BILD-Zeitung?", Magisterarbeit zur Erlangung des Grades Magistra Artium der Philosophischen Fakultät der Heinrich-Heine-Universität Düsseldorf, Seite 56, Quelle: http://www.mythos-magazin.de/ideologieforschung/gj_bild-zeitung.pdf

164 Vgl. ARD, Sendung „Kontraste – Beamte als AfD-Funktionäre – Gibt es bald wieder Berufsverbote?", ausgestrahlt am 04.05.2017, Quelle: *http://www.rbb-online.de/kontraste/archiv/kontraste-vom-04-05-2017/afd-bald-wieder-berufsverbote.html*, letzter Zugriff: 13.05.17, 20:16 Uhr

165 Erinnerung des Autors, leider ohne Aufzeichnung

166 SPIEGEL online, Artikel „S.P.O.N. – Im Zweifel links: Wir brauchen eine Leitkultur" vom 07.09.2015, letzter Zugriff: 31.03.2016, 15:03 Uhr

167 Vgl. Deutschlandfunk, Sendung „Zwischentöne" mit dem Sozio-

logen Harald Welzer, ausgestrahlt am 08.09.2014

168 Vgl. WDR 5, Sendung „Redezeit" mit dem Historiker Philipp Blom, ausgestrahlt am 07.06.2016

169 Anregungen und Ideen hierfür gibt es u. a. bei Heinz Bude, Nico Peech, Harald Welzer u. v. m. Gerade letztere weisen deutlich daraufhin, dass unser derzeitiges Gesellschafts- und Wirtschaftssystem nur begrenzt zukunftsfähig ist.

Saft ab. »Aber schade ist es trotzdem, schade um diese Verschwendung, denn du schmeckst köstlich.«

Das Bild wird mich den Rest des Abends verfolgen.

Dann öffnet er die Tür und ist verschwunden.